开启写作之门

小学生日记精选

周进红 ◎ 主编

北京时代华文书局

图书在版编目（CIP）数据

开启写作之门 / 周进红主编. --北京：北京时代华文书局，2024.7.
ISBN 978-7-5699-5583-5

Ⅰ.G624.243

中国国家版本馆CIP数据核字第2024KG4729号

Kaiqi Xiezuo Zhi Men

出 版 人：陈　涛
策划编辑：张正萌　李佳黎
责任编辑：张正萌
责任校对：初海龙
装帧设计：刘　伟
责任印制：訾　敬

出版发行：北京时代华文书局 http://www.bjsdsj.com.cn
　　　　　北京市东城区安定门外大街 138 号皇城国际大厦 A 座 8 层
　　　　　邮编：100011　电话：010-64263661　64261528

印　　刷：天津丰富彩艺印刷有限公司
开　　本：710 mm×1000 mm 1/16　　　成品尺寸：170 mm×240 mm
印　　张：15.25　　　　　　　　　　　字　　数：254 千字
版　　次：2024 年 7 月第 1 版　　　　印　　次：2024 年 7 月第 1 次印刷
定　　价：58.00 元

编委会名单

步入小学三年级，不少语文教师开始要求学生写日记。这既是部编版小学语文三年级教材提出的教学要求，也是培养学生良好的写作习惯的好做法。周进红老师在自己的课堂上，给予学生更多说话实践的机会，在自己的作业设计上，更巧妙地赋予学生写日记的训练。

一、童真童趣的心

对多数小学生而言，在识字"初识门径"、说话"语焉不详"的童蒙阶段，写日记是需要指导的。写日记可以学什么、如何学，教的方寸在哪里，这是周老师在这本《开启写作之门》中最具童心、童趣的地方。本书文章篇幅短小、语言朴实，适合三年级的小学生阅读，一读就懂。这本书的每一个教学点都极小，很容易上手，可以说特别接地气，特别适合儿童日记教学起步阶段的学习。当然，对低年级语文教师进行日记教学也有实实在在的借鉴作用。

二、乐于分享的感染

周老师的日记教学还有一大特色，就是重于激发兴趣。她的学生很爱写，很乐于在自己的笔下记录生活的瞬间，这主要源于周老师自己热爱生活、乐于分享，因此她的生活态度也影响着学生。她的学生在这种不受任何约束、可以尽情表达的育人氛围里，很容易就爱上了写作。孩子们每天写着即时的遭遇，分享当日所读的书，讲评所遇见的人、所经历的事，发表自己即时的感想、喜怒与哀乐、所疑所惑等。孩子们在这样"随遇而安"的日记写作过程中，满足了个体写作的真实心理需求，展现与诠释了学生个体真实而有个性的学习过程。

三、教孩子寻找自己的"故事时刻"

在养护学生写日记的习惯方面，周老师也有自己的细心之处。对于刚开始学习写作的小学生而言，影响写日记习惯养成的最大阻力是无内容可写。周老师日记教学的关键就是耐心陪伴学生选取写作内容。学生的日常生活大体上都是相似的，但具体到每个人，则因家庭、个性的差异而有所不同。这些不同之处主要体现在生活中的细小节点上：起床时有故事吗？上学路上有故事吗？上课发言有故事吗？课间休息时有故事吗？兴趣小组活动时有故事吗？吃晚饭时有故事吗？等等。这就是周老师每天与学生分享的话题。经过这样有意识地引导，每个学生都很容易找到属于自己的"故事时刻"。每天这样"细数"时光，学生的观察就会慢下来、沉下去，并且主动把这种找素材的方法和习惯应用到今后的写作中去。

四、搭建师生写作的虹桥

"不积跬步，无以至千里！"周老师指导学生写作的耐心，也来源于她自己的写作习惯。她每天记录着自己上过的有意思的课、看到的有趣的孩子、听说的好玩的事等。周老师会把写作内容分享给孩子们，当他们听到自己时不时出现在老师的日记中，师生间写作的虹桥就在潜移默化中建立起来了，为师生共同保有这种写作的习惯打下了坚实的基础。周老师的这些日记，也已结集出版，有兴趣的读者朋友可以关注《点亮阅读之灯》这本书。

读是写之基，写是读之桥。通过写作的桥，把外在的"读世界"与内在的"读心"连成一个整体，师生的心灵就在持续连接中成长起来！周老师点亮学生写作之灯，源于读写结合，源于精神的丰盈！期待周老师的行动研究有更多的成果！学生写日记习惯的养成不是一时之功，也不能靠一师之力。希望广大教师都参与到研究中来，走在高处；把培育学生核心素养落到实处。

特级教师，正高级教师
北京景山学校党委书记，北京景山学校通州分校校长　张斌平
2024年

　　我于2014年9月开始研究小学生的课外阅读工作，一直到2022年。这8年间主要研究的是1～6年级各学段学生为什么读书、读什么书、怎么读好书的问题。研究成果已经结集为《点亮阅读之灯》出版。

　　研究进行到收尾阶段，我愈发感悟到：在小学阶段，判断一个学生是否爱读书，主要是看学生是否能够主动读书；是否没事的时候就想起读书，就拿起书来读；是否能到书店、图书馆走一走，看一看，选一选书；是否会在图书打折季的时候想起该囤书了……

　　那么问题来了，学生怎样才能够建立主动阅读的意识呢？在实践过程中，我觉得学习写作、坚持持续写作是促进学生主动阅读的方式之一，而且这个方式还非常有效。

　　为什么写作能够燃起学生读书的愿望呢？根源在于只有学生开始写作了，热爱写作了，才能体会到自己写出作品的成就感；写完反复玩赏是多么有意思；过些时日回读又往往会感慨多么稚嫩，令人意犹未尽。时间久了，就会发现自己和那些作家，特别是和一些写作大家之间的差距。有收获，才有动力；知不足，方愿奋进。摸到了写作的门槛，学生才会愿意去广泛涉猎书籍，才会主动去积累好词好句，才会激发起进一步阅读一些比较深奥的书籍的兴趣。

　　2023年9月15日，我带领自己的学生开始学写日记。孩子们坚持每天一篇，虽一开始人均只能写三四行，行文间往往还词不达意，比较直白，但坚持到12月中旬，也就是三个月时间，他们中的大多数人都能做到写一写自己一天的发现，记一记自己每天真实的感受，且逐渐文从字顺，慢慢有了写作的感觉。其中有十几位同学对童话特别感兴趣，脑子里总是有奇奇怪怪的童话情节。我就鼓励他们在课余去写属于自己的童话作品。在短短时间里，有位同学竟然已经完成了5000多字的故事，这真是一份意外的惊喜。

学生有这样的发展，我认为主要做好了三件事：

一是分享方法。

我利用每天教课文的时间，挖掘单元整体的写作要素，拆解到每一篇课文之中，阶梯状搭建写作的支架，教给他们循序渐进的写作方法。毫无疑问，教材中的作品值得学习的地方太多了，学生非常喜欢，因此也喜欢像课文那样去写一写。每天都在前一天的基础上成长，学生的写作兴趣就随之习惯性地攀升。

学生还喜欢我每天分享他们自己写的日记，因为这些日记都是发生在他们身上或周边的真实事例。我常常利用自习课，花五分钟分享我看到的有趣的学生日记。在分享中讨论该篇日记成功的原因，具体使用了哪些写作的技巧。在分享中明确写作的诀窍，特别是写出本篇日记的学生更能明确偶然神来之笔的巧妙之处，从而能惊喜地发现自己有超前发展的能力，产生持续写作的巨大内驱力；听读日记的学生也更愿意接受同学的日记给予自己的启发和感动，从而下定决心坚持去学习、去接着写。

二是体验生活。

写作最愁的是没有材料可以写。在这一点上其实无论是老师还是家长，都需要给学生主动创造一些体验活动。

雪，是大自然的馈赠。2023年年末，北京下了第一场雪。那天语文课，我就让孩子们到操场上去观察雪、感受雪。孩子们一到操场上，看到整个世界都是洁白的，就兴奋地欢呼起来。他们攥雪球、堆雪人、打雪仗，玩得不亦乐乎。虽然我没有规定当天日记的内容，但90%以上的同学写的都是有关玩雪、吃雪、想象雪的内容。

班里的学生家长也为帮孩子积累大量写作材料付出很多。比如带孩子去博物馆参观、去公园郊游，甚至去进行各种项目的学习和挑战。还有几位家长固定带领学生"闺蜜团"去图书馆，组织关系好的小伙伴周末一起活动等。这都为学生的写作积累了很好的素材。

三是组织实践。

几个月下来，我发现光日常写、班内输出，还不足以让学生有足够的写作动力。要想促使他们写出更好的作品，还要开展相应的实践活动。

班里陆陆续续开展起背古诗词、背现代诗、背三字经的活动，还有好书推荐活动、佳作分享活动，有成语接龙、对成语活动，有飞花令活动等。随着这些语文实践活动开展，学生感兴趣的就坚持了下来，分别从周一至周五排好顺序，让学生有事可为、有规可循。因为这些都是由不同学生策划、主持、完成的，所以得到了所有学生的认可。在这种互相学习、互相分享的过程中，学生每天都期待着将要发生的事，每天也都试着反思自己和同学间的差距，不知不觉间就唤醒了学生主动阅读各类书籍、积极分享写作体验的愿望。

写作的目的是促进阅读的主动性，阅读的目的则是为了促进自我学习、自我进步的主动性。学生时代转瞬即逝，抓住学生成长的每一天，让他们写起来、读起来，必然于他们的成长大有好处。

本书中选登的小学生日记都是真实的学生作品，因此，在不影响理解内容的基础上，对其中的一些瑕疵，如语句不够通顺、逻辑跳跃以及口语化等特点予以保留，向读者展示小学生写作的特点和真实水平。

周进红
2024年

目录

上 篇
长风破浪会有时，直挂云帆济沧海
——教师指导篇

下篇
等闲识得东风面，万紫千红总是春
——日记点评篇

上 篇
长风破浪会有时，直挂云帆济沧海
——教师指导篇

写作没有诀窍

好的日记有如下特点：叙事，事清晰；记人，人生动；写景，景如画；说理，理明白。

怎样才能达成这些要求呢？其中有不少诀窍：多读好文章，多观察周围的事物，多思考分析生活，多进行写作训练……

2023年10月13日星期五　　　　　　　　　　　　天气：晴

人心齐，泰山移

三（4）班　李禹均

"人心齐，泰山移。"这是大部分人都知道的名言，今天我们做的事就让我对这句话有了更深的了解。

今天我们要给二年级学生戴红领巾，需要用椅子。三年级是小学部里的最高年级，所以三年级男生负责搬回用完的椅子。

我一到那儿，第一眼看到的就是人山人海，等到活动结束了，我们要收椅子了，那椅子有多少……

但我们人多力量大，很快就搬完了。

可是，我们居然搬错地方了，那可是用座椅做的小山啊！关键是，还被我们压得很实。

但我们可是一个团体，个头小的辅助，个头大的出力，很快就把椅子搬到了指定地点。

真是"人心齐，泰山移"啊！

2023年10月17日 星期二　　　　　　　　天气：晴

我最近读的一本书

三（4）班　李禹均

今天，我在这里给大家分享一下我喜欢的俗语：冬长三月，早晚打春。

我看见这句俗语时，觉得大意是：冬天虽然有三个月，但早晚要到春天。这里面还有一个小故事，帮我更好地理解了这句话的意思。

有一个人叫鲁冠球，他向亲戚借了三千元，办了个小型米面加工场，但是他发现做农具更赚钱，于是他开始做农具，可是他没钱买铁，于是他只能靠捡废铁来做。

他的生意越来越红火，政府发现了鲁冠球的才能，于是给了鲁冠球一个汽车厂房。

有一天，他得知三天后有个零件订货会，他赶紧做了很多零件。他拿着零件到了订货会，一开始没人买，在降价了20%以后就有了10万份订单。但是，他被一位客户发现产品质量问题，损失了40万元。

他没有气馁，继续努力，最终取得了胜利。

这个故事让我知道打击会让你进入低谷期，但是继续努力不放弃，最终就会取得胜利。这就是"冬长三月，早晚打春"的道理吧！

2023年10月16日 星期一　　　　　　　　天气：晴

厨神妈妈

三（4）班　陈梓菲

我的妈妈厨艺很好，做的甜点色、香、味俱全，是我们家的"厨神"。

今天，我路过厨房，看见妈妈戴着围裙在厨房里忙碌着，她正在烤面包。

她先把面粉、水、鸡蛋、白糖等按一定比例搅和在一起，然后盖上保鲜膜静置一会儿；接着她又把面团和黄油和在一起，并在面团里裹上了草莓酱和巧克力豆；最后把发酵好的面团放进了烤箱。

面包烤制的时候我在写作业，我的作业刚写完，烤箱"叮咚"一声，面包也烤制完成了，我和烤箱可真有默契！

闻着香喷喷的面包，我忍不住拿了一块。吃上一口，好美味啊！

我的妈妈是当之无愧的"厨神"！

知识丰富有助于写作

一篇好的日记，一定是观点正确、对读者有教育意义的，同时写作技巧高，能引人入胜。然而还有一点可能会被小学生忽略，那就是文章中的知识多不多。如果作者知识面广、懂得的事情多，不但自己写起来旁征博引、得心应手，而且读者看了作品，也能学到正确的思想、懂得深刻的道理、获得丰富的知识，这样的文章就更容易让人喜欢。

换句话说，作者要想写出精彩的日记，除了有好的思想、熟练的技巧外，还要有丰富的知识。

2023年9月29日星期五 　　　　　　　　　　天气：晴

中秋节

三（4）班　陈梓菲

八月十五中秋节，家人团聚吃月饼，十五圆月当空照，我们一起来赏月！下面我来分享一下我姥姥家的中秋习俗吧！

这个习俗叫"烧天香"。香，也叫香柱，香柱要放在正中间，在香柱的两边放两支红蜡烛，然后在香柱前放上五种水果或点心，接着再把蜡烛点燃，烧天香就开始了！人们祭拜月亮，为家人祈福，保佑家人平安、永不分离！

你知道的中秋习俗有哪些呢？也来说说吧！祝大家中秋节快乐！

2023年10月6日星期五　　　　　　　　　天气：多云

公园里的高科技

三（4）班　梁李佳

今天是假期的最后一天，我和妈妈来到了家附近的通明湖公园玩，感受一下公园里的高科技。公园里的路全部由环保再利用的材料修建而成。

公园里有智能跑道。智能跑道可以实时记录人们的运动数据，如跑步速度、步频、心率等，同时根据这些数据进行分析，向用户提供个性化的锻炼建议。

当人们跑步累了，坐下来休息时，休息的长椅也不同于其他传统的座椅。它具有太阳能充电的功能，不用额外供电就可以给座椅进行加热，还能给手机进行无线充电呢！特别是，它还有蓝牙播放功能，坐在智能座椅上，座椅秒变"音箱"。

公园里的灯杆也是智能化的，有紧急呼叫功能，当人们遇到困难或者需要帮助的时候，都可以按上面的紧急呼叫钮联系控制中心的工作人员。

这里的高科技还有很多很多，有机会大家来这里感受一下吧！

2023年10月19日星期四　　　　　　　　　天气：晴

追梦三星堆

三（4）班　韩宇泽

三星堆位于四川省。

据说那里藏着非常多的文物，现在都被出土了。有青铜神树、青铜大面具，还有一个黄金权杖。黄金权杖上刻着鱼和鸟，被一支箭穿了起来，箭头的位置还有一个笑脸。

　　有人认为：很久以前从地球外来了一个外星人，古蜀国人就按照外星人的头型做了一个大大的青铜面具。直到今天，那个青铜大面具始终是一个谜团。

　　我要多查找资料，多看看相关的信息，这样就可以解开这个谜团了。

要勤于练笔

我国有句古话叫"熟能生巧"。它告诉我们，你要做好一件事，就要多练。同样的，小学生要写好日记，也要多练。写多了，写熟了，就能写得好了。因此，我们要勤于练笔。怎么练呢?

一、写读书笔记

每个小学生都喜欢读课外书，有的喜欢童话，有的喜欢小说，还有的喜欢科普等。可是大部分同学读完也就算了。以后，你每读一本书时，可以打开笔记本，记上一些东西，如：这本书是谁写的，主要讲些什么，它告诉你什么好的思想或者知识，哪些章节写得特别精彩，哪些句子特别美，等等。或者你可以抄一些精彩的句子，多读几遍，记住它。一篇读书笔记，可以多写些，几百字；也可以少写些，几句话。长短不论，但一定要写。如果一天写不完，第二天再写也可以，以养成随时动笔的良好习惯。

二、记生活中发生的事情

我们在学校里、在家里，总会遇到一些事情，有的使你高兴，有的使你烦恼，或者听到、看到发生在别人身上的事情，只要你觉得有点意思，你都可以把这些事情记下来，写成文章。你可以把事情的来龙去脉，地点、环境，自己的思想感情、心理活动，人物的语言、动作等，一一记下来，写成一篇文章，并且尽力做到语言通顺、叙事清楚。你可以用这种方法锻炼观察能力、提高写作水平，就是以后自己读读，也是很有味道的。

三、坚持写日记

通过写日记提高写作水平的例子特别多，效果也特别显著。日记一定要天天记，"三天打鱼，两天晒网"是不行的。

"勤奋出天才"，除了笔头勤以外，还要勤于思索，要多想。

2023年10月3日星期二　　　　　　　　　　天气：晴

天安门广场的国旗

三（4）班　刘叶伊蕾

国庆节有大量游客到天安门广场观看升旗，我有一些关于国旗的知识介绍给大家。

你知道为什么天安门广场上的国旗永不褪色吗？因为天安门广场每天升的国旗都是崭新的。而降下来的国旗都会专门进行整理和消毒，放在一个旗盒里，然后写好编号和日期，放在旗库里。

这些国旗也不是永久保存的，它们最终有四个去处：第一，会当作奖励或者荣誉赠给一些对国家发展或者建设有重大贡献的个人或机构。第二，会赠送给一些办学很优秀的学校。第三，会盖在烈士或者伟人的遗体上，是国家给予他们个人贡献的一种最大的肯定。第四，如果当天是一个很特殊的日子，那么这一天的国旗就会被放在历史博物馆里。

2023年10月26日星期四　　　　　　　　　　天气：晴

美味可口的晚饭

三（4）班　王钰菡

今天的晚饭很美味，妈妈做了鸡蛋羹、土豆丝，还有昨天打包回来的糯米排骨和肉炒四季豆。

鸡蛋羹鲜香滑嫩，入口即化；土豆丝金黄金黄的，很脆；糯米排骨的味道也不错，我还是第一次吃到咸味的糯米呢！肉炒四季豆也太下饭了，我一下子吃了两碗饭，吃饱了可真舒服！

饮食要荤素搭配。如果只吃肉会增加脂肪，还会得各种疾病，如果只吃菜，干什么事情都感到浑身无力，也长不高、长不壮，瘦得像一根豆芽。所以，饮食均衡是多么重要啊！

2023年10月31日星期二　　　　　　　　　　　天气：晴

捡银杏叶

三（4）班　杨童雯

今天我和爸爸一起下楼到小花园散步的时候，发现树上的叶子有各种各样的颜色。有红的，有黄的，还有没有完全黄、带着一点绿色的边的。这一刻，我脑子里突然灵光一现：多么美丽的树叶呀，赶紧捡起来回家做手工用。

道路两旁各有一排银杏树，它的叶子像小扇子一样，而且每一棵银杏树下面都有一大堆落下来的银杏叶。我仔细地观察，并挑出里面最大、最黄、最像小扇子的银杏叶，轻轻地、轻轻地把它们放在手心里，保证它们完好无损。

我就这样捡着捡着，从小花园的一头捡到了另外一头。当我走出小花园的时候，我的手里已经塞满了准备做手工用的银杏叶。

作文"有得写"

同学们有时会感到作文"没得写"了。原因是什么呢？一个是对日常生活缺少观察，另一个是对作文的素材缺少必要的积累。这里涉及许多能力，但起决定性作用的是思维能力；也牵连到许多习惯，最关键的是勤于思考的习惯。解决这个问题最好的办法就是多读书。

读，可以在汲取知识中引发求知欲，这就为写作积累了材料；读，可以在引起联想中启发思维，这就容易产生写作的愿望；读，还可以从他人文章的写法中获得灵感，学到写作方法。

这里的多读书主要有两层含义：一个是多读教材，另一个是多读课外书籍。对教材来说，强调读多遍，以至背诵，烂熟于心。对课外书籍来说，强调读多篇、读多样，要持之以恒地读、杂七杂八地读，古今中外都读。

同学们每天写日记，就是在积累写作素材。坚持天天练笔，写作文也会变得容易了。

2023年9月26日星期二   天气：晴

一堂有趣的英语课

三（4）班 韩文茂

今天我上英语课时非常开心，因为回答了许多问题。

首先我和小陈同学的配合很完美。当老师说："请同学们前后桌一起练习读课文。"我和小陈各自扮演一个角色，我发现我们两个甚至都可以背诵了，这让我俩都很有成就感。

全班还玩了一个小游戏。屏幕迅速闪过单词，你要大声把单词读出来，同时也有"炸弹"出现，需要同学们用手抱住头。

大家玩得不亦乐乎，玩了一次还要玩。

这节英语课真有意思呀！

2023年10月17日星期二　　　　　　　　　天气：晴

帽子的秘密

三（4）班　沈辛遥

从前有个小女孩名叫飞飞，她从小心地善良、乐于助人，所以她有很多朋友。

有一天，一位老奶奶马上就要摔倒了，正好被飞飞看到，她连忙过去扶住老奶奶。

老奶奶说："孩子，谢谢你！这里有一顶帽子，它可以救你五次。"

这是一顶非常漂亮的帽子，帽顶上有五颗璀璨的珍珠。飞飞连忙向老奶奶道谢，老奶奶点点头便转身离开了。

有一次，飞飞戴着心爱的帽子到朋友家做客，路过一条小河时，一不小心摔到了水里！可是飞飞不会游泳，她在水里拼命地拍打着水面，可是无济于事。冰冷的河水让她不由得浑身发冷。

突然，她帽子上的一颗珠子发出耀眼的光芒，光芒变成了一艘小船，飞飞坐上了船。

不知不觉，船在岸边停了下来，这时她才发现帽子上的五颗珍珠中的一颗已经没了光芒。

她到了朋友家，朋友热情地招待了她。

她们在草坪上一起吃啊、喝啊，一起做游戏，玩得不亦乐乎！

突然，几只大野狼从草堆中跳了出来，这可把两人吓得不轻！

正当大野狼要吃掉她们的时候，飞飞头上的一颗珍珠发出了无与伦比的光芒，光芒变成了一个透明的罩子将她们与大野狼隔开，大野狼无法吃掉她们，就垂头丧气地走了。

飞飞和朋友尽情地玩儿，不知不觉已近黄昏，飞飞和朋友告别回家了。

谁知，一只狐狸偷偷跟着她回家……

2023年10月18日星期三   天气：晴

第十九届亚运会

三（4）班　梁洪铭

杭州第19届亚运会，又称"2023年杭州亚运会"。

亚运会的口号是：心心相融，@未来（读作"爱达未来"）。

奥运会的精神是：更快、更高、更强。

亚运会有三个吉祥物：第一个是"宸宸"，他全身是蓝色的，代表的是京杭大运河，他的名字源于"拱宸桥"。第二个是"琮琮"，他全身是黄色的，代表的是古城遗址大公园，他的名字源于文物"玉琮"。第三个是"莲莲"，他全身是绿色的，代表的是杭州的西湖，他的名字源于"接天莲叶"。

我们要像运动员一样，多锻炼身体，今后为我们的国家做出贡献。

生活记事

在日常生活中，学生身上、身边会发生各种各样的事情，社会上发生的事也会迅速在网络中传播开来，三年级学生对这些事情也有自己的看法。学生把以上看到的、听到的记录下来，就是生活记事。这类写作重点刻画人物心理，写出人生感悟。

2023年10月18日星期三　　　　　　　　　　　天气：晴

查字典

三（4）班　宋晨光

今天我写作文的时候，有一个字不会写。

于是我翻开我家的宝贝字典，打开汉语拼音音节索引那一页，我找到第一个字母"W"，然后发现了"碗"这个字在501页。

通过查这个字，我明白了字典可以让我知道更多的知识、看到更广阔的世界，其实有时候我也是很烦查字的，但是后来我慢慢习惯了。

我以后一定要坚持查字典，这样我才能变得更聪明。

2023年10月23日星期一 天气：阴

流动红旗

三（4）班 于芷晗

今天升旗仪式快结束的时候，大队辅导员孙老师说："今天要颁发前两周的流动红旗。"

我们三年级只有前两名的班级才能得到流动红旗。可惜的是没有我们班，三（1）班得到了两面，他们真厉害，我们要向他们学习。

有一句话说："世上无难事，只怕有心人。"只要多努力，就会得到你想要的东西。所以我们班要团结一致，争取下周得到流动红旗。

2023年10月25日星期三 天气：晴

去天上摘梦想的星星

三（4）班 王钰菡

大家知道吗，我还是一个航天迷呢！有许多航天员都是我的偶像，比如杨利伟、桂海潮、王亚平。王亚平是其中的一位优秀的女航天员，而桂海潮是第一个戴眼镜上太空的人，他还是北京航空航天大学的教授呢！

今天，我听到重大消息传来，桂教授等三位航天员一周后会从太空回到祖国母亲的怀抱，明天又会有一批新的航天员上太空！

我的愿望是当一名航天员。我想，到了我们这一代，应该是神舟五十几号了，寻找太空奥秘的重担就会落到我们身上，我一定要为祖国航天做出巨大的贡献。

从现在开始，我要好好学习，加强身体锻炼，将来把梦想的星星摘下来挂在床头上！

课堂生活

学生写课堂生活，就是记录课堂上发生的故事、情景及精彩瞬间。

内容可以写活动，写出活动的场面和当时的气氛，并且聚焦一两个精彩的瞬间详细写；也可以写课堂学习的过程，围绕一个重点，进行详略得当的记录。比如，学生提了一个什么问题，老师和同学们是如何思考、回答的，结果是怎样的。还可以写课堂中的人。比如，哪位同学回答问题特别精彩，哪位同学注意力不集中，发生了什么事，等等。

2023年10月19日星期四　　　　　　　　　　天气：晴

好玩的排球课

三（4）班　张一依

今天是周四，又是我上排球课的日子。我已经上了三节课了，可是第一节课都没有看到球，只练一些基本动作。第二节练颠球了，但我怎么颠都颠不过三个，唉……不知道今天可以颠多少个呢？

一开始是做热身，跟以前一样。然后是颠球环节，我最期待的就是颠球，看看我进步了还是退步了呢？只听老师说道："开始！"我们赶紧颠了起来，一、二、三、四、五……哇！我竟然颠了五个球！我真的太开心了！可我不是一下子就做到的，我练了无数次才颠到五个球，虽然只比以前多颠了两个，但也是有收获的。

这件事情让我明白："世上无难事，只怕有心人。"

2023年10月20日星期五　　　　　　　　　　天气：大风

艰难的书法课

三（4）班　张一依

今天最后一节课是书法课，前几节课我们都没有写字，今天终于写字了，可是老师只让我们画六条"S"形的线，我心里想："太简单了！"但现实不是这样的。

我刚一下笔就被我自己吓呆了，这是我写的吗？又粗又长。我又试了一遍、两遍、三遍，都没有成功。可我没有放弃，在我写最后一遍，也就是第十二遍的时候，我竟然成功了，我开心极了！

所以同学们，坚持就是胜利！

2023年10月25日星期三　　　　　　　　　　天气：霾

特别的社团课

三（4）班　张漠龄

我们国家共有五十六个民族，有汉族、傣族、阿昌族……今天我在上社团课的时候，又认识了一个少数民族，那就是彝族。

今天上社团课时，老师说这次社团课我们要跟彝族的合唱团连线，一起练习歌曲。和彝族合唱团连线后，我们就开始练习了。我们先练了声，然后我们就开始唱歌了。

老师点评时说我们合唱团都是二三年级的小朋友，所以唱得清脆。彝族合唱团都是初中的大哥哥、大姐姐，所以音准唱得很好。我们两个合唱团唱得都很优美，就像百灵鸟唱的一样。

今天是我们第一次和少数民族的大哥哥、大姐姐一起唱歌，希望我以后还能跟更多少数民族的同学合作，一起唱出更好听的歌，了解更多的少数民族文化。

今天的社团课可真是太特别了！

人物写真

学生写作要学会写人。首先要学会观察人，其次要学会写外貌，包括五官、神情、姿态、服饰等，不必面面俱到，找出典型特点写即可；学会写动作，要写出人物最个性化的动作；学会写人物说话的特点，注意语气、声音及内容；学会写人物心理，用内心独白、心理分析等方法写出人物的内心世界。

2023年10月12日星期四　　　　　　　　　　　　天气：晴

我有一个妹妹

三（4）班　杨镜暄

我有一个妹妹叫王佳佳。

她有着圆圆的脸蛋，脸蛋上有一对水汪汪的大眼睛，那纯洁的眼神中仿佛流淌着明净的泉水。妹妹头上顶着两个"小丸子"。她的一张小嘴粉嘟嘟的，有着厚而润泽的嘴唇，只要她一笑，就会露出洁白的牙齿。她的两只小手肉乎乎的，活像一只小肥猫，可爱极了！

妹妹特别爱美。她会拿出妈妈的化妆品，对着镜子化妆，用眉笔把眉毛涂得又黑又粗，像两条可爱的小虫子，脸上红一块、白一块，像一个大调色盘。这时，妹妹的脸上突然绽放了笑容，满脸绯红，像一朵盛开的海棠花。

我非常喜欢我的妹妹！

2023年10月16日星期一 　　　　　　　　　　天气：晴

生病的弟弟们

三（4）班　于奕凡

今天我的弟弟回家后又生病了，头烫得都能煎鸡蛋了，而且还一直咳嗽个不停。

因为他今天生了病，所以打不起精神，就连晚饭都不愿意吃了。他一直在睡觉，像一只飞不动的小蝴蝶一样，一直躺在床上。

我的表弟和小表弟也生病了，他们得了肺炎，正在医院里输液呢。

我们一定要保护好身体，预防病毒，不要让病毒有可乘之机。

2023年10月22日星期日 　　　　　　　　　　天气：晴

我家的特级厨师

三（4）班　杨镜暄

在我家，姥姥有着"特级厨师"的美誉！姥姥的这个称号可不是吹的，对于她烧菜的水平，我最有发言权。

姥姥烧的菜虽不及星级酒店的菜那么精致，但也是色、香、味俱全了，而且在营养搭配方面绝对一流。

她有好多拿手菜，比如鱼香肉丝、油焖大虾、蚂蚁上树等等，每天换着花样摆上桌的一道道菜，那色泽、那香味、那口感，总让人口水直流三千尺，吃完久久回味！

姥姥烧的菜，怎一个"棒"字了得！难道不应该为她冠上"特级厨师"之名吗？

景物描写

三年级学生非常乐于接触自然、欣赏身边的美景，用笔记下来就是写景日记。写景日记要用心体验，抓住特征；要展开想象，具体描写；要写出动静变化。

2023年10月1日星期日　　　　　　　　　　　天气：晴

小公园

三（4）班　张　影

今天早晨，我和爸爸、老舅、弟弟去姥姥家西边的一个小公园游玩。

我和弟弟在小河边上捡田螺，我们捡了一个非常大的田螺，还是活的。

爸爸拿着芦苇编了个大辫子。我和弟弟把大辫子当作蝎子的尾巴，甩来甩去非常有意思。

突然，老舅大叫一声："大鸡腿！"只见他手中拿着一个和我小腿差不多粗的"大鸡腿"。我走近一看，原来是一块大枯木头，非常像个大鸡腿，逗得我们哈哈大笑！

小公园给我们带来了欢乐。

2023年10月13日星期五　　　　　　　　　　　天气：晴

窗外的柿子树

三（4）班　赵皓宇

今天，我正在看书，不经意地向窗外望去，看见柿子树上挂满了金灿灿的果实，像一个个小灯笼一样。我想仔细观察一下柿子树，于是我就走到柿子树下。

我发现有的树叶已经变黄了，纷纷地飘落了下来。地上还有许多掉落下来的青黄色柿子，我随手捡起来一个，发现它已经裂开了口子，像是在冲我微笑。它摸起来硬硬的，闻起来有一股清香。

看到地上有这么多掉落的柿子我感到很可惜，我想：如果它们变软后，吃上一口，会非常香甜吧。

不过没关系，可爱的小鸟们也可以饱餐一顿。

2023年10月18日星期三　　　　　　　　　　　天气：晴

秋雨后的学校

三（4）班　于芷晗

今天妈妈开着车送我去学校上学。

我一走进校门，一阵秋风迎面吹来，秋天真是个凉爽的季节。

昨晚的秋雨把学校洗刷得干干净净。几片树叶从树上落下，这真美啊！两边的花草也散发出了一阵阵芳香，我好像听见了花草和秋风秋雨的对话，花草说："秋风秋雨姐姐，谢谢你们昨天给我的浇灌，你们看今天的我是不是比昨天更美呢？"秋风秋雨笑着说："对呀，你今天比昨天更美了呢！"

因为要上课，所以我来不及听它们再说些什么了，要是不上课的话，我会在这儿停留很久……

动手操作

小学生在学校、在家里经常会动手操作，在动手操作中有自己的感受。写动手操作的日记要先写出动手操作的对象，同时也可以写为什么要写这个对象，是它的哪一方面引起了你的兴趣；其次要写清楚研究过程，你用了什么方法去研究它，在研究过程中遇到了什么困难，你又是怎么发挥聪明才智解决困难的呢；接下来要写出"发现"，经过努力研究，你有什么"惊人的发现"，你的"发现"是不是很有趣，对人们的生活有什么帮助；最后，写出研究的意义，或者写一写自己的感想。

2023年10月18日星期三　　　　　　　　　　天气：晴

炒米饭

三（4）班　梁李佳

今天晚上，我学会了炒米饭。妈妈先拿了两个鸡蛋，教我打到碗里，用筷子搅拌均匀。然后我把火打开，往锅里倒油，把鸡蛋放进去翻炒两下，再把大米和切碎的火腿丁也放进去，来回翻炒。炒到大米有点微微发黄的时候，我又往锅里撒了点盐，接着我又翻炒了几下就好了。

我闻了闻盛到盘里的炒米饭，味道还不错。妈妈尝了一尝，说这是她吃过的最好吃的炒米饭，这是因为是我亲自动手做的吧。

我想：做饭还真是复杂，可我平时却这不吃、那不吃，真是不应该！以后我一定要改掉挑食的坏习惯。

2023年10月18日星期三   天气：晴

拼不好的魔方

三（4）班　韩宇泽

今天我玩二阶魔方的时候，一面也恢复不了啦！之前一年级的时候，我可以几分钟就把它还原。但是现在，我一面都还原不了。

怎么办呢？我突然想到，可以看看网上的视频，看看别人有什么好办法。

视频真的给了我启发，里面提到一个方法，就是"上左下右"。我试了一下，还真还原了一面，之后，我又陆续还原了其他面。

我觉得学什么都得不断地去复习，要不然过了一段时间后，你会全部忘掉的，就像我玩这个魔方一样。

我要反复练习，继续玩二阶、三阶、四阶魔方，希望都可以成功。

2023年10月22日星期日   天气：晴

做早饭

三（4）班　张漠龄

今天是周日，我有很多的时间干自己想干的事。我很久没和爸爸一起合作做早饭了，于是，我跟爸爸商量一起做鸡蛋饼和挂面汤。

我最拿手做的就是鸡蛋饼了。首先把四个鸡蛋打在一个大碗里，然后把面粉、水、五香粉和盐都放进大碗里一起搅拌。接着往锅里倒油，把搅拌好的液体也倒进锅里摊熟，鸡蛋饼就做好了。爸爸也做好了挂面汤，我们就开始吃饭了。

通过帮助爸爸妈妈做饭，我体会到了他们的辛苦。以后，我一定要自己的事情自己做，也要帮爸爸妈妈做自己力所能及的事。

体育活动

体育课是学生经常写在日记中的内容。要想写好体育课，首先，按照一定的顺序写。可以按照时间先后顺序写，可以按照事情发展顺序写，也可以按照地点方位变换的顺序写，还可以按照几项活动或活动的几个方面的详略顺序写。其次，最重要的部分具体写。一节课中印象最深刻的内容要写具体，可以把当时的场面、气氛交代清楚，也可以把人物的动作、语言、神态、表情和心理写清楚，做到主次分明。千万不要从上课铃响开始写，一字不落地罗列到下课铃响，那就记成了"流水账"。最后，总结课堂内容。这节课有什么令人难忘的东西、精彩的镜头或有趣的细节，你从中受到什么启发、获得什么体验感受，要总结出来。

2023年09月18日星期一　　　　　　　　　　　天气：晴

我的体育课

三（4）班　韩文茂

今天在体育课上发生了一件事。

老师让我们跑50米比赛，老师说："每一行里跑第一名的同学出列。"我就是其中一个。老师又说："出列的男生再比一次。"我集中精神，冲向终点，跑了第一名。

我很开心和自豪。

2023年10月12日星期四　　　　　　　　　天气：晴

跳绳的进步

三（4）班　韩宇泽

体育课上我跳绳没有过100大关，所以老师让"师傅教徒弟"。过了100大关的同学当师傅，没有过100大关的做徒弟，我因为没有过关，所以只能做徒弟。轮到老师傅来挑我了。

是小杨同学挑的我。小杨同学带我来到一片空地，让我把双臂夹紧，我试一次，跳了70多个；小杨同学又让我把双腿夹紧，我又跳了一次，是80多个；第三次他就让我把抡绳的速度加快，这次我跳了90多个呢！小杨同学就带我去找老师过关了。

班里有好几个同学要跳绳过关，我先是推辞了一番，让小宋先跳，我就在后面等着，等到没有人跳了我才跳，因为我觉得我现在还不行。我就试了一次，跳了100个呢！

我终于过100大关了，心里真高兴。我觉得小杨同学教我的那几点非常好用，我心里太感激他了。

2023年10月12日星期四　　　　　　　　　天气：小雨

雨中的体育课

三（4）班　牛泽午

今天上体育课的时候，全班都很开心，但是老天偏不作美，突然开始下雨了，全班同学瞬间失望至极，还好雨下得不大，体育课还可以继续上下去。

下雨了，我感到非常凉爽。正在享受时，雨突然停了，太阳从云层中慢慢地出来了，好像是在看雨停没停。

体育课很快就结束了，让我意犹未尽。

看图写话

　　看图写话，顾名思义，就是给学生一幅图或几幅图，根据图上的内容写句子，或写几个句子形成一段话。

　　写好看图写话要认真观察，明确图意。首先，要把图画的内容看清楚。画面上画的什么人、什么时间、什么地点、人物之间的关系怎样，都要弄清楚，不能漏掉一个细节。观察的方法一般是由上至下或从左至右，从人到物或从景到人。其次，要依据画面合理想象。任何一幅画，只能是情节的一个片段，而不是全部过程的展示。因此，许多场面和细节都需要用联想的方法加以补充。最后，要突出重点，描写具体。抓住画面的主要内容，把画面中的人、物、景串联成一个整体，做到有详有略、详略得当，突出画面的主要内容，适当介绍相关的背景知识。

2023年11月1日星期三　　　　　　　　　　　天气：阴

不要摘花

三（4）班　杨镜暄

　　今天，妈妈带我去公园玩，我看到了一大片绚丽多彩的鲜花，真美啊！我要摘一朵小花，可是妈妈不让我摘。我问："为什么呀？"

妈妈说:"如果你摘了小花,别的小朋友也会摘的。那公园里的花就越来越少了,看花的人会失望的。"

我说:"知道了,妈妈,我不摘小花了"。

2023年11月1日星期三   天气:阴

不要摘花

三(1)班 冯丽媛

一天,妈妈带着妹妹去公园玩,她们走着走着,妹妹看见一朵美丽的花就要去摘,妈妈说:"孩子,不能摘花。"

"为什么呢?"妹妹说。

"因为花是有生命的,你摘了花,花也会疼的。"妈妈说道。

妹妹想了想,说:"也是。"

妈妈就带着妹妹离开了。

2023年11月1日星期三   天气:阴

不要摘花

三(2)班 王嘉彤

春天来了,妈妈带着小玲去公园玩,她们走啊走啊,终于到了。

小玲看见一些美丽的花朵,心里想:"要是摘下来送给妈妈,她一定会很高兴吧。"于是就伸手去摘。

妈妈说:"不可以摘花。"

小玲问:"为什么?"

妈妈说:"因为这些小花一直在努力地生长,你看,它们多努力。"

小玲听了就对花儿们说:"你们要快快长大。"

篇章训练——续写

续写，就是根据所提供的故事，从已有的条件出发，去推想故事发展过程中可能出现的情况，充分展开想象，适当构思情节。注意要让自己接续的部分和先前的故事衔接紧密、浑然一体。重视过渡，做到自然贴切、合乎逻辑，起到承上启下的作用，把原有的故事接续下去，写成一篇完整的文章。

续写故事需要联系生活，展开想象；要围绕中心写具体；还要合情合理地写出故事情节的发展和变化。

最近学生学习课文《总也倒不了的老屋》，课后一题是让学生猜后面发生了什么，在日记中同学们展现了丰富的想象力……

2023年10月11日星期三　　　　　　　　　　　天气：晴

续写《总也倒不了的老屋》

三（4）班　于奕凡

有一天，小蜘蛛的故事真的无法再讲下去了。小蜘蛛垂头丧气地说："好了，老屋，再见了。"

老屋说："再见！我也终于到了倒下的时候了。"

"等等，老屋！"一群强壮有力的年轻人对老屋说，"你再站一会儿行吗？我们要把你修理一下，我们要把你变成一个全新的漂亮屋子。"

"哦，是人类啊。好吧，我就再站一会儿。"

一个小时后，这群年轻人把它变成了一间美丽的屋子，像王公贵族住的屋子一样。

从此以后，这间屋子虽然没人住，但是它一点儿也不孤单，因为它有很多动物朋友。

2023年10月11日 星期三   天气：晴

《总也倒不了的老屋》续写

三（4）班　王一然

你是不是很想知道小蜘蛛到底讲了什么故事让老屋听得这样入迷呢？原来小蜘蛛讲了一个女巫的故事。

小蜘蛛的故事讲完了，说："再见，老屋！"

老屋说："再见。"

小蜘蛛依依不舍地走了。

望着小蜘蛛远去的背影，老屋自言自语地说："好了，我到了倒下的时候了。"

"等等，老屋！"一个细小的声音说道。

老屋低头一看，说："这不是小燕子吗？听说，你们昨天就飞往南方了，你怎么出现在这儿呢？"

小燕子说："昨天我还在空中练习飞翔的时候，突然得知大燕子们已经飞往南方了，我试着去追上它们，可是没能追上，你再站一个冬天行吗？"

老屋说："好吧，我就再站一个冬天吧。"

转眼，一个冬天就过去了。

小燕子对老屋说："再见。"

老屋对小燕子说："再见。"

老屋又对自己说："好了，我到了倒下的时候了。"

这时一个小小的声音又在老屋门前响起……

2023年10月11日星期三　　　　　　　　天气：晴

续写《总也倒不了的老屋》

三（4）班　王钰菡

小蜘蛛吃饱了，它走了。

老屋那沙哑的声音又响了起来："小蜘蛛也走了，我能倒下了！"

这时，一个焦急的声音在门前出现："老屋，请别倒下好吗？有一只可恶的狐狸要吃掉我，能让我进去躲躲吗？"

老屋说："是小白兔呀，快进来吧！"小白兔飞快地跳了进去。

这时，一只狐狸跑到了老屋前，问道："老屋，你有没有看到一只兔子？"老屋不理它，狐狸只好走了，小白兔道了谢后也走了。

老屋想：我可以倒下了！

这时，来了两个年轻人，他们衣衫褴褛，当老屋以为他们要请求它别倒下的时候，他们却收拾了起来，男孩用树枝把屋子的破洞给补上了，女孩用一双巧手做出了很多精美的家具，他们从此过上了幸福的生活！

谈立意

意，是指写作的人在文中要表达的思想、要抒发的感情，也就是写作的意图。意在笔先，辞随意生。只有思想上十分清晰，语言才会明确、生动、流畅。古人说"意犹帅也"，文章的主题犹如文章的统帅、文章的灵魂。所以写作前要明确自己的写作意图。

2023年09月15日星期五　　　　　　　　　　　　　　　天气：晴

暑假作业分享活动

三（4）班　韩文茂

今天我兴高采烈地来到学校，因为今天要参加暑假作业分享活动。

这是我第一次以主持人的身份参加活动。活动开始后，我看到台下好多人，一时还有一点紧张。不过，慢慢就好多了，我越来越自信了。

我们背诵《千字文》的声音洪亮，很有气势；杨镜暄的《青岛之旅》说得既详细又生动，让人觉得青岛很值得游览；于奕凡的书法作品讲评很详细，连字的笔画也都说上了。大家都展示得很棒！

通过这次活动，我学到读书要坚持、练字要刻苦，才能收获更多知识。

2023年10月5日星期四 　　　　　　　　　　天气：晴

老北京小吃

三（4）班 李语晴

没有喝过豆汁儿，不算到过北京。

"豆汁儿要配焦圈才好吃。"妈妈说。

可是，我只爱吃炸焦圈，至于豆汁儿，有很多人喝一口就吐了，我也不例外。豆汁儿是制造绿豆粉丝的下脚料，它这么难喝，为什么还有人喜欢喝呢？

比如我的太姥爷，一个土生土长的北京人，几乎每天都要喝一碗。因为豆汁儿能促进消化、美容养颜。豆汁儿是什么味儿？这东西是绿豆发酵的，有股酸味儿。不爱喝的说是像泔水，很酸臭。

老北京小吃真是有特点，不知你是否喜欢喝豆汁儿？

2023年10月16日星期一 　　　　　　　　　　天气：晴

安全带

三（4）班 韩宇泽

今天我出去玩，坐上家里的汽车，无意中，车里的安全带引起了我的注意。

当你猛拉它的时候，它会被卡住；相反，你轻轻拉它的时候，它会一直被拉长。安全带为什么要这样设计呢？为此，我查了资料。

安全带，是为了保护人身安全的。当急刹车的时候，因为惯性，人不由得会往前冲。这时，安全带就起到作用了，它会把你固定在那里。这样，人就不会撞到东西，不至于受到伤害。

所以请大家出行坐汽车时，一定要系好安全带，保障自己的人身安全。

谈取材

俗话说得好，"巧妇难为无米之炊"。没有"米"，手艺再巧，也"炊"不出任何食品。没有写作材料，提起笔来自然一筹莫展。

材料从何而来呢？

鲁迅先生说："留心各样的事情，多看看，不看到一点就写。"就是说，我们要认真地、精细地观察生活，观察人，观察景，观察事；要善于使用自己的眼睛，看表面，看本质，看点，看面，看深，看细，看过去，看现在，看将来……总之，要做"有心人"。

古人说："读万卷书，行万里路。"生活丰富，见多识广，材料就积累得多。因此，多出去走一走，看一看自己未知的世界，并及时记录下来，材料就会积累起来了。

"读书破万卷，下笔如有神"，书可以打开我们认知的窗户，把一个个见所未见的人物、一件件闻所未闻的新奇的事，及时摘抄下来，经过长时间的积累，储备多了，材料自然就丰富起来了。

2023年10月3日星期二　　　　　　　　　　　　　天气：小雨

唐山大地震启示

三（4）班　韩宇泽

大家都知道唐山大地震吧？今天，我去了唐山地震博物馆。去了之后我才知道，唐山地震一共震了二十三秒，但死亡人数却非常多，足足有24万人！

我觉得，唐山大地震给了我们现代人一个很大的警示。现代人应该有防震意识，比如自然界的青蛙大规模迁徙、鲤鱼成群跳出水面……这都有可能是大地震来临的征兆。

发生唐山大地震时，人们住的都是平房，伤亡的人数还那么多。现在我们住的都是高楼大厦，伤亡岂不是会更多？所以我想，盖楼房的材料一定要轻便而且结实，这样大地震来临时伤亡就会少了。

古时候，有张衡发明地动仪。那么，现在会有谁来给我们做及时而准确的预警呢？

2023年10月4日 星期三　　　　　　　　　　　　　天气：晴

书 店

三（4）班　王跃然

今天下午我和妈妈去了一家书店，这家书店是开在商场里面的，书店的名字叫"全民畅读"。

整个书店的装修风格以绿色调为主，一踏入店内我就被这里的优雅环境和文化氛围吸引了。

书籍在书架上摆放得整整齐齐，店内有一些舒适的阅读区域，可以让你安静地读书中的故事。

妈妈帮我挑选了一本我喜欢的百科书《同一片星空》，这本书讲了很多不同的星座以及动物是如何利用星星来迁徙和寻找方向的。

由于时间原因我没能看完这本书，下次来我还要继续阅读，走的时候妈妈还买了我喜欢的昆虫标本当作礼物送给我，我很开心。

今天我的收获可真不少！

2023年10月13日星期五　　　　　　　　　天气：晴

积木的乐趣

三（4）班　宋晨光

今天，我写完作业，正当无所事事时，我突发奇想，拼积木！

我走到玩具屋里找了一些平时不用的零件：五块平板，一块尖尖的积木，又找了一些可以上下活动的积木。我准备拼一个积木做的蝴蝶刀！

网上有很多人都在玩这种重力蝴蝶刀。它的玩法就是把两边零件半掰开，然后利用重力把里面的刀刃甩出来，再利用重力把刀刃甩回去。

这把蝴蝶刀看着好玩，可拼起来却没那么容易了。我用了很多零件，一点一点、反反复复地拼接、调整，经过了一个小时，终于把我想要的东西拼出来啦！

玩着我自己拼出来的蝴蝶刀，我很有成就感！

谈构思

　　古人认为构思是"驭文之首术，谋篇之大端"，这是很有道理的。文章主题的确需要精心思索，从接触的种种材料中提炼。确立主题之后，要很好地加以表现，同样需要精心思索。选择哪些材料，先说什么，后说什么；怎样开头，怎样结尾，怎样衔接，怎样过渡；运用哪些手法表现。凡此种种，下笔之前需要认真地进行构思。

2023年9月16日星期六　　　　　　　　　　　天气：晴

猜猜她是谁

三（4）班　赵皓宇

　　我们班有这样一位同学，她高高瘦瘦的，眼睛炯炯有神，总是扎着个马尾辫。

　　她学习非常厉害。上课的时候都是非常认真地听讲，老师提出的问题她都会积极地举手回答，每次回答问题都能很精准地回答出问题的关键点。她的语言能力也特别好，非常善于总结和点评，每次同学回答完问题，她都积极参与点评，点评得还非常到位。

　　她非常爱看书，经常在座位上认认真真地看课外书。

　　请大家猜猜她是谁呢。

2023年10月01日星期日 　　　　　　　　　天气：晴

最可爱的人

三（4）班　韩文茂

今天我看了电影《志愿军》，电影很精彩，我看得很入迷。

这部电影主要讲的是抗美援朝时的故事：我军为了阻止敌人会合，连夜跑了七八十千米，有的战士在跑步途中由于体力不支，就牺牲了；为占领高地，有的战士抱着炸药包冲到坦克底下，和坦克同归于尽；有的战士身中数枪，还拿着手榴弹冲向敌人阵地，用尽最后一丝力气拉开了手榴弹把敌人炸飞了；还有的战士被炸掉了一条手臂，但是他们还要战斗到生命的最后一刻。

志愿军为了保卫祖国不怕牺牲、勇于战斗的精神，深深地感染了我、鼓舞了我——他们才是最可爱的人哪！

2023年10月19日星期四 　　　　　　　　　天气：晴

风

三（4）班　陈梓菲

同学们，你们喜不喜欢风呢？

风，会给我们带来寒冷，每当想起那寒风凛冽的冬季，我就不由得会想：要是能在一个四季不变、一直温暖如春的地方就好了。但有一天，我居然发现风的用处了。

有一次，我们出去游玩，爸爸开车飞驰在高速公路上，沿途的风景很美丽，但最吸引人的是远处的大风车。爸爸给我讲："那些大风车是靠风来转动的，大风车转动的时候会产生电能。"这简直太神奇了。

一个夏天的傍晚，我和妹妹下楼玩吹泡泡的时候，我发现玩得最欢的不是我们，而是风！我们把泡泡器拿在手里，然后又张开双臂，风，真的吹起了泡泡！它吹的泡泡比我吹的还大、还圆、还漂亮！

真是让人不可思议的风！

谈语言

"工欲善其事，必先利其器。"工匠要把活儿做好，首先要磨砺工具，使工具十分精良。学生要写好文章，就要认真地锤炼自己的语言，丰富自己的语汇，学会运用多种句式表达情和意。杜甫的"语不惊人死不休"的名言常被引用，贾岛对于"推敲"二字的斟酌至今被引为美谈，这些杰出的文学家深知语言对表情达意的重要作用。

语言有奇妙的功能，有人曾这样风趣地比喻：不是蜜，但它可以粘住一切。在语汇的宝库里，学生应挑选最明晰、最确切的语词妥帖地进行排列，来表现深邃的思想、丰厚的感情。

2023年10月7日星期六　　　　　　　　　　　天气：晴

我的农作物

三（4）班　杨镜暄

放学回家的路上，我偶遇了一位老爷爷，他正在卖红薯。

我突然想起春天的时候我在泡沫箱里也种了红薯，我飞奔回家，戴上一次性手套，在地板上铺上了一个大大的塑料袋，拿起我的小铁铲，准备挖红薯。

我先把泡沫箱子倒置在地板上的塑料袋上，接着我手拿小铲子开始挖了起来。一个、两个、三个……小红薯接二连三地露出了小脑袋。我兴奋极了，真是"一分耕耘，一分收获"呀！

我一共挖出11块小红薯，它们的形状虽然歪七扭八，但个头可不小。

我用种红薯的土继续栽种香菜，期待它们也茁壮成长……

2023年10月14日星期六　　　　　　　　　　　天气：晴

好心情

三（4）班　于奕凡

昨天刚下过雨，今天碧空如洗、万里无云，天空像一颗发光的蓝宝石一样，照耀着我们的笑脸，让我和爸爸、妈妈、弟弟心情大好。我们带着这份好心情来到了垛子公园。

这里风景如画，美不胜收。这里的花五彩斑斓，五光十色。这里还有三座高塔，这三座高塔高得能顶天立地，好像是支撑天地的高大柱子，太壮观了。

这里如仙境般美丽，真是游玩的胜地啊！太值得一去了！

2023年10月18日星期三　　　　　　　　　　　天气：晴

黑狗伤人事件

三（4）班　王钰菡

这几天，我看到很多"狗伤人"事件的新闻，其中有一个事件令我印象深刻，每当想起都令我不寒而栗。

前天早晨，四川一小区一对母女出门散步，这时，一条巨大的黑狗像疯了一样冲了出来，追着她们咬，还好一位保洁阿姨拿着一把拖把打走了黑狗，为这位阿姨的勇气点赞！可这两岁的小女孩却被黑狗咬了二十多处伤口，连肾都被咬伤了呢！这位母亲心急如焚，立马把她送到了医院，到现在还在抢救。狗主人也被警察抓走了，天哪！这只狗把事惹大了，看主人回家后怎么收拾它，哼！

　　如果我们在外面看见了狗，那就要绕着它走，不能在它眼前跑来跑去，不然它会追着你，你越跑它越追你，一定要保护好自己，大声呼救，这样才会有大人来帮忙。

　　如果你是狗主人的话，遛狗一定要拴好狗绳，给狗戴好嘴套，不要误伤他人。最后祝这个小女孩早日康复，回到美好的生活中去！

谈想象

大科学家爱因斯坦说："想象力比知识更重要，因为知识是有限的，而想象力概括着世界上的一切，推动着进步，并且是知识进化的源泉。"想象力如此重要，下笔写作文也需要让自己的思想插上"翅膀"翱翔。

2023年10月4日星期三   天气：晴

竹林之国

三（4）班　王一然

在很久很久以前，有一个国家名叫竹林之国。

这个国家有一位国王和一位王后，他们一起把国家治理得井井有条，受到了国民的爱戴。可是，他们并不开心，因为他们一直想要几个可爱的孩子，王后却迟迟没有怀孕。

一天，王后告诉国王一个令人欢喜的消息——她有宝宝了。

在一个阳光明媚的日子，王后生下了八个孩子，其中七个是男孩，一个是女孩。

国王和王后精心地把孩子们一天天抚养长大。

很快，他们都到了学习的年纪。王子们整天不学无术，只知道玩。小公主却很喜欢阅读治理国事的书籍。

国王和王后很头疼，因为将来要从七个王子中选择一个继承王位。

于是，他们想到了一个办法，就是让王子及公主各当一天国王，治理国家。

一个黄昏，国王向他的孩子们宣布了这个决定。

结果，王子们把国家治理得乌烟瘴气，而小公主把国家治理得井井有条。

王子们看到了自己和小公主的差距，从此开始发愤图强。

最终，这七个王子中最有能力的一位当了新一任的国王。

2023年10月4日 星期三　　　　　　　　　　　天气：晴

啄木鸟医生

三（4）班　王钰菡

从前，有一片美丽的大森林，里面住着一只啄木鸟医生，她每天都帮生病的树木治疗。有一天，森林里下起了瓢泼大雨。

小燕子的小窝建在一棵大橡树上，可是有一只小虫子钻进了大橡树里，贪婪地吸食着树汁，橡树的叶子慢慢地枯死了，雨水滴滴答答地流进了小燕子的窝，这让她很难受。

小松鼠把这件事情告诉了啄木鸟医生，她冒着雨来到橡树前，把虫子从树洞里拉了出来，大橡树又恢复生机了！

第二天早晨，啄木鸟的头痛了起来，而且浑身无力，小松鼠把这个消息传遍了整个森林，小动物们都很担心她。可是，依然有许多树木需要治疗，啄木鸟医生的妹妹小柳决定帮帮姐姐，可她不会治病，反而把树木们折磨得痛苦不堪。

啄木鸟医生只好带病出门，一边给树治病，一边给树木们道歉，这让她彻底病倒了。

小猴子带着许多啄木鸟医生帮助过的小动物来看望她，他们都是来感谢啄木鸟医生的。

这让啄木鸟很感动，心情也好了起来。

很快，她的病好了，又开始为树木治病了……

2023年10月4日星期三　　　　　　　　天气：晴

啄木鸟的森林超市

三（4）班　赵皓宇

森林里有一只聪明的啄木鸟。它看见小动物们每次买东西都要去很远的超市，很不方便，心想：不如我开一家超市，这样大家买东西就方便了。

啄木鸟请来大象、犀牛、老虎这些力气很大的朋友帮它建超市。没过几天，森林超市就建好了。

正在它们准备庆祝的时候，下起了倾盆大雨。雨水哗啦啦地敲打着屋顶，闪电轰隆隆地响着。

这雨下了两天两夜，房屋出现了一个大窟窿。啄木鸟很着急，但转念一想：没事的，这只是意外，万事开头难，我一定要坚持下去。

它又找来了小动物们修房子，终于把房子修好了，接着啄木鸟就去囤货了。

终于到了开张的日子，啄木鸟准备好迎接顾客了，可是好几天过去了，只有它的好朋友来捧场，其他动物连影子都没有看见。啄木鸟很着急，但它并没有放弃，而是想到了个好办法。

它赶紧建了一个路牌，并找到会飞的鹦鹉、鸽子、喜鹊来帮忙分发宣传单，宣传单上写着"新店开业，所有物品限时五折"。

第二天，啄木鸟高兴极了，因为它的超市排起了长长的队伍。就这样，它成了森林王国的名人。

过了不久，森林记者来采访它，问它的生意为什么能这么火。啄木鸟说："做任何事情都要不怕困难，要坚持下去。"

谈感情

南北朝时的文学家刘勰在《文心雕龙·物色》中说："情以物迁，辞以情发。"这句话颇有道理。只有对现实生活中的人、事、景、物真正动了感情，有深切的感受，写作时词句才会自然落到笔下。生活素材有了，不等于就能写出好文章，有感情，素材才有灵魂。

2023年10月9日 星期一   天气：晴

一幅画

三（4）班　于奕凡

今天放学路上，我往天上一看，哇！这天空太美了吧！

今天的天空，和其他的日子不同，从深蓝到湛蓝，再从湛蓝到浅蓝。除此之外，还有几片可爱的白云，点缀着美丽的天空，让美丽的天空更加绚丽多彩。

啊！我猜这应该是世界上最美的画，是大自然送给我们的画作呀！

2023年10月15日星期日　　　　　　　　　　　天气：晴

看望小妹妹

三（4）班　张漠龄

今天我真是太开心了，因为我要去看我的小妹妹了，一路上，我可激动了！

到了舅妈家，我轻轻地走进卧室里。

小妹妹刚喝完奶，舅舅把她抱到小床上。我轻轻地摸了摸小妹妹的小脸蛋和小手，特别软。我摸她的时候，她就会眯着眼睛看我，有时她的嘴角会微微上扬，好像在对着我笑，我好开心哪！

我的小妹妹真的是太可爱了！

2023年10月16日星期一　　　　　　　　　　　天气：晴

小　猫

三（4）班　宋晨光

今天，我放学之后去语文培训班学习。

正当我们聚精会神地听讲时，突然，一只小猫从窗户纵身一跃跳了进来，小猫一会儿跳到课桌上，一会儿跳到讲台上，还有一次跳到了我的头顶上。老师在忙着追小猫，我们却被小猫逗得哈哈大笑！

这小猫也太淘气了。

谈思想

叶圣陶先生在《语文教育书简》中谈到"怎样通过写作关"时指出：既要在思想认识方面多下功夫，也要在语言方面多下功夫。这告诉我们在写作时，要去观察、去分析，看清实质，才可能表达深刻。

2023年9月30日 星期六 　　　　　　　　　　　天气：晴

打乒乓球

三（4）班　刘叶伊蕾

今天我去打球。

记得一开始打球时，我觉得很无聊，因为只是打过来、打过去。

可是慢慢我发现，我爱上了打乒乓球，我现在都可以和其他小朋友打对攻了，可以打十几个回合呢！

只要按老师的要求做就会进步很快，老师的要求是：一、要把动作做到位；二、要把重心压下去；三、打正手的时候要转腰、收臀，而且只能收小腹。

虽然这样手很累，我也要咬牙坚持。

2023年10月10日星期二 天气：晴

体育课

三（4）班 杨紫雄

今天上午上体育课的时候，老师说要测跳绳，每个人都要突破100大关。

有些人没有突破100大关，所以老师就让我们来教他们。我教的是小韩同学，他之前只能跳49个。

我先教他必须在原地跳，不能出我画的圈。没想到，他能跳70多个了。

我又教他拿跳绳的姿势，拿绳的时候手臂要夹紧，不能动，手腕旋转。教过之后，他能跳90多个了。

最后我教他跳绳时腿要夹紧，不能弯曲，他现在已经能跳100多个了。

小韩去找老师测试，这次他一共跳了105个。

小韩可真厉害，这么短的时间就从开始的49个变成了现在的105个，我真为他开心。

大家猜猜他下次会不会超过105个呢。

2023年10月21日星期六 天气：晴

毅 力

三（4）班 李禹均

今天，爸爸让我明白了一个道理。

下午，我们出去练50米跑和跳绳，但我跑完步以后喝了太多水，所以我怎么跳也只能跳130个。这时候，爸爸跟我说："跳绳要有毅力，毕竟考场上也只有一次机会，你要试着坚持。"

　　我照爸爸说的做，我拼命地跳，拼命地跳，最后足足跳了160个！

　　这件事让我明白了一个道理，做对生活和学习有利的事，一定要坚持，无论它有多么苦。毕竟"吃得苦中苦，方为人上人"！

列提纲

如果把写文章比喻成建筑工人造房子，那么文章的提纲就是工程师手里的那张建造房屋的施工图。这房屋该怎么造？建造的时候得有个先后次序，得有个全面的计划和安排。

写文章要列提纲，我们在动笔以前，根据中心思想的需要，对文章的材料要有个全面的安排：全文分几个段落，每个段落写什么；哪一段应该详写，哪一段应该略写；文章怎么开头，怎么结尾，等等，都应该有个计划和安排，做到心中有数。

2023年11月3日星期五　　　　　　　　　　　　天气：晴

会过马路的蜗牛

三（4）班　杨童雯

今天我出去玩的时候，在路上看到一只小蜗牛在慢悠悠地过马路。

我很好奇，于是走上前，蹲下来仔细观察。我发现这只蜗牛背着一个大大的壳，就好像一个奇怪的房子。我不禁疑惑，为什么马路上会出现蜗牛呢？

我好奇地问妈妈，妈妈告诉我：蜗牛喜欢在潮湿的环境下活动，空气潮湿时，它们

就会出来寻找食物。

不过，它爬得可真慢哪，慢慢悠悠的，就像一个老爷爷在遛弯儿。它爬行时触角会使劲儿往前伸，只要它爬过的地方就会留下一道水痕。我在地上摸了摸，发现这个水痕是黏黏的，我又去求助妈妈：为什么会有黏液？妈妈告诉我：蜗牛爬行渗出来的黏液是用来辅助爬行的。

真想不到一只小小的蜗牛竟然有这么多的学问，让我受益匪浅。

我知道，大自然还有很多新奇的事等着我去探索和发现呢！

2023年11月7日星期二　　　　　　　　　　天气：多云

会攀爬的牵牛花

三（4）班　于奕凡

今天我不经意间看到了"牵牛花"的视频。

视频中讲了牵牛花是缠绕茎草本植物，多为淡红色、淡紫色、蓝色或白色，是观赏植物，而且种子还可以做药材呢！因为牵牛花长得像小喇叭，所以俗称"喇叭花"！

牵牛花不仅有不同的色彩，又可爱又美丽，还非常爱运动呢！牵牛花在做什么运动呢？它做的运动是"攀爬"。虽然我们看不到，但是它每天都在坚持往上攀爬呢！

所以我们一定要向牵牛花姑娘学习，不管是锻炼、背古诗，还是写日记，都要锲而不舍！

2023年11月8日星期三　　　　　　　　　天气：晴

拼魔方

三（4）班　杨镜暄

今天，我大姨姥姥来了，还带了魔方，我和大姨姥姥比赛看谁先拼好一面。

过了一会儿，我差三个就合成一面了，但是我左拼右拼怎么也拼不成一面。我又看了一眼入门教程，看不懂。还是靠自己吧！

大概过了二十多分钟，我只剩最后一个了，就在我要放弃的时候，我终于拼成了完整的一面！真是"功夫不负有心人"哪！

这时，我看到大姨姥姥也已经拼完了。

周末，我要和爸爸妈妈一起学拼魔方的技巧，争取把整个魔方都拼好！

内容具体

有的同学一提起笔来写日记，就会碰到一个很伤脑筋的问题，要写的材料全在肚子里，可就是写不具体，一篇文章干巴巴的几句话就写完了。那么，怎么把日记写具体呢？

同学们在动笔前，首先要认真地、仔细地回忆一下你准备写哪件事（或写哪个人、哪个景），千万不能粗枝大叶，像走马观花那样只满足于知道个大概情况。其次要有丰富的联想，写的时候不要停留在一般现象上。最后，写的时候要具体地描写，要把事情的前因后果或者要表达的意思，一句一句有条有理地记述下来。另外，还应该学习描写——用丰富多彩的词语、各种各样的句式、形象确切的比喻、生动逼真的细节……总之，运用我们学过的方法把事物形象地描写出来。

2023年10月10日星期二   天气：晴

我的好伙伴

三（4）张一依

今天我介绍的是我的好伙伴——鼻涕竹，鼻涕竹是我在商场买的玩具，它长得非常可爱。

它的身子粗粗的、绿绿的，很软，它还有两只小小的眼睛和笑呵呵的小嘴巴。看到它，我的心都快被它给融化了！

出去玩的时候我也会带它一起去。它脏了，我会给它洗洗澡，洗完之后它会露出开心的笑容。

记得有一次我听到楼下在吵架，我很害怕，怕得都不敢自己睡了。妈妈说让我抱着鼻涕竹睡，告诉我有鼻涕竹的陪伴就不害怕了。

到了晚上，我把鼻涕竹抱得紧紧的，我把它当作我最好的伙伴，那个晚上我睡得非常安稳。

鼻涕竹不仅是我最喜欢的玩具，也是我的好伙伴。

2023年10月17日星期二 天气：晴

给小鱼换水

三（4）班 韩宇泽

昨天我出去玩，把逮到的鱼都放到了鱼缸里。今天我放学刚一到家，连书包都忘记放下，就迫不及待地跑到鱼缸边看小鱼。

当我看到鱼缸里的一幕时，我惊呆了！除了一条小鱼还活着，其他的小鱼全死了。我想应该是忘换水了，如果昨天换了水，我的这些鱼就不至于这样了。

我先把这只幸存的小鱼捞到了另一个鱼缸里，然后把死掉的小鱼捞出来扔到垃圾桶里，接着把脏水倒掉，接了干净的水，最后，把那条小鱼放进去。

小鱼在水里欢快地游泳，好像在跟我说："这里的水可真清澈，谢谢你帮我换水。"

我对小鱼说："希望你能够顽强地活下去！"

2023年10月18日星期三 天气：晴

动物的派对

三（4）班 司馨冉

从前，在森林里有一只小兔子叫心心。它有着毛茸茸的白色皮毛，还有长长的小耳朵，很可爱！

心心是一只乐于助人的小动物。有一次，小熊的脚受伤了，心心拿出它最快的速度叫来了大象医生，小熊的脚很快就得到了治疗；还有一次小羊不小心掉到了河里，心心赶紧把羊妈妈叫来了，把小羊救了上来。

最近，心心马上要过生日啦！小动物们都在讨论怎么给心心准备一个完美的生日派对。小鸡说："心心喜欢在小河边玩耍，我们就在小河边为心心举办生日会吧！"小鸭子说："可以呀，心心爱吃胡萝卜，可以去森林甜品店买胡萝卜蛋糕。"小猴子妹妹说："我找几个伙伴去森林超市购买布置现场的物品吧！"大家在一起商量着。

终于到星期天了，这天恰好是心心的生日。小动物们知道心心平常喜欢早睡早起，所以大家都起得比往常还要早，跑到小河边布置生日会现场。它们分工明确：小鸭子去买蛋糕，小猴子妹妹去买气球，梅花鹿姐姐去买礼物。最后，大家都在祝福墙上写了祝福。同时，小羊去心心家里邀请它去河边玩。

心心和小羊一起到了小河边，这时小动物们都跳了出来说："心心，祝你生日快乐！"心心看到伙伴们为自己布置的生日会现场，真是既惊喜又感动，她特别感谢大家这么用心地布置。小猴子妹妹点燃了生日蜡烛，大家一起为心心唱《生日快乐歌》。心心许下了心愿，然后吹灭了火焰，为大家分蛋糕吃。大家在小河边吃呀、喝呀、做游戏呀……小河边传来阵阵欢声笑语！

我们要虚心学习，要乐于助人，因为"赠人玫瑰，手留余香"。

层次清楚

层次清楚是写好一篇文章不可缺少的一个条件。

那么，什么叫层次呢？文章要表达作者一定的意思，这个意思就是文章的中心思想。中心思想的表达，文章内容的叙述，总得有个先后次序，不能不顾先后，一股脑儿地写出来。因此，有条有理地叙述文章的内容，一层意思、一层意思地表达中心思想，这就叫文章的层次。

怎么才能做到层次清楚呢？一般来说，要注意以下三点。

第一，段落与段落之间的层次要清楚。写文章的时候要分段，要把内容分成几个段落（这里指的是大家常说的大段）来写。这段落与段落之间的安排要有个先后次序，不能弄颠倒了或者搞混乱了，不然，这段落与段落之间的层次就不清楚了。

第二，把段落中的自然段的层次分清楚。文章的记叙要有详有略，详写的地方常常是作者重点记叙的段落。这部分的材料一般比较多，内容比较丰富，为了叙述得有条理，我们常常把它再分成若干个自然段。一般情况下，一篇文章的第二大段是作者重点记叙的段落。

第三，句子与句子之间的层次也要清楚。不管是段落还是自然段，都是由句子组成的。句子与句子之间层次同样要清楚，不然也会影响到文章的层次。

2023年9月28日星期四 天气：晴天

肺活量练习器

三（4）班 杨童雯

今天爸爸送我了一个礼物，是一个练习肺活量的玩具，我来介绍一下吧！

首先要介绍的是外观。它是由三根硬管和一根软管组成，每个硬管里有一个小球，分别是黄色、蓝色、红色，每个小球代表着不一样的肺活量。

我再来介绍一下它的用法。它有两种用法：第一种用法是吹气，使劲儿往里面吹气，把三个小球都吹到顶上是最高成绩，球吹得越高就代表肺活量越大；第二种用法是吸气，把硬管倒过来，然后努力吸气，把三个球都吸到顶上为最高成绩，球吸得越高就代表肺活量越大。

今天我练习了几次，都没有吹到顶，我还要好好练习呀！

2023年10月5日星期四 天气：晴

神奇的小花（一）

三（4）班 张一依

今天早上，我正在看电视的时候，突然听到妈妈在厨房惊呼了一声，我赶紧跑到厨房，妈妈指着窗户外让我看，我居然看到了一朵神奇的小花，这是我和妈妈在夏天种的太阳花开花了。

我们当时把太阳花种子分别种在不同的花盆里，过了几天只有一个花盆的太阳花长得很好，妈妈把它们放在厨房窗户外面，每天都细心呵护，给它们浇水、晒太阳，但是其他花盆里的小花没有长出来。

　　妈妈没想到的是过了好几个月，这盆神奇的小花不知道什么时候自己偷偷地发芽、长大，竟然还顽强地开出了花。

　　我赶紧把它拿进了屋子，给它喂饱了水，我一定要呵护它，让它也好好长大。

2023年10月18日星期三　　　　　　　　　　　天气：晴

神奇的小花（二）

三（4）班　张一依

　　10月5日，我发现这盆神奇的小花的时候，它是很没有精神的，长得很小，但是大家知道现在它是什么样子吗？

　　经过我13天的细心呵护，每天给它浇水、晒太阳，它现在长得又粗又高，它的叶子从黄色变成绿油油的了，更神奇的是它又在旁边长出了一个花骨朵儿。

　　看到这朵神奇的小花的顽强精神，我以后遇到困难也不会轻易放弃。

详略得当

有些同学在写日记时中心思想不明确。造成这种情况的原因很多，有的是选材不当，有的是内容简单，有的是条理不清，还有的是详略不当。怎样做到详略得当呢？

我们写日记的时候，要用到许多材料。那些和中心思想有密切关系的，是重点材料，应该详写；那些和中心思想关系不大的，是次要材料，可以略写。假如不管是重点材料，还是次要材料，都用一样的篇幅来写，这就叫详略不当。所以同学们在构思日记时就要想清楚哪些材料该详写，哪些又该略写。

2023年10月12日星期四　　　　　　　　　　天气：小雨

乌龟大扫除

三（4）班　韩文茂

今天下午爸爸告诉我：你该给家里的乌龟们洗洗澡了。我立刻行动起来。

我先把乌龟一只一只放到一个盒子里，把缸一遍又一遍地清洗，直到干净为止。接着我把乌龟拿出来，把它的龟壳、爪子都清洗干净。最后再把我晒好的水倒进缸里，把乌龟也放进去。

我发现它们很快就睡着了。

2023年10月27日星期五　　　　　　　　　　天气：晴

科学节开幕式

三（4）班　韩宇泽

今天我们举行了科学节开幕式，实在太有意思了！

集合时，二十多名学生代表把几十只"小火箭"和"竹蜻蜓"放飞出去，场面非常壮观。

接着，我们就可以玩科学项目了。在玩之前，我们和老师领了一张纸，上面有盖小印章的地方，我数了一下大概有二十个，我就去玩了。

我先选了一个人少的，是"钻木取火"，真不敢相信，我真的钻出烟来了。

接着，我就去玩"拼装保险箱"了，我拼得可入迷了，等到快结束的时候我才想起来，我还有好多项目没有玩呢！赶紧盖完章赶去下一张桌子，可是很遗憾，时间到了。我领了材料包，上面写着"飞机发射器"，我可以拿回家拼。

科学节开幕后，还有更多的科学小制作之类的等着我们去做呢，我好期待呀！

2023年10月22日星期日　　　　　　　　　　天气：晴

去天坛公园

三（4）班　李禹均

今天，我去天坛公园，因为以前从没去过，我很兴奋！到了天坛公园，妈妈给我租了一个讲解器。

首先我们到了祈年殿，讲解里面说最高的四根柱子叫通天柱，代表四季。剩下的朱红色的柱子有12根，代表12时辰，这些算上金柱子一共有24根，代表24节气。里面还有屏风、供桌以及清朝前8位皇帝和神仙的石像。

我们又去了很多殿，但我印象最深刻的是回音壁和圜丘。回音壁顾名思义就是会有很大回音的墙壁，站在门口的大石头上说话能听到三次回音，第一次是大石头的，第二次是配殿的，第三次是外墙的。圜丘也和天有关，因此有很多单数，比如9，那里有3600多个9，而且站在上面说话声音特别响亮，这是因为在那儿制造声音到被人听见只用0.07秒。

去完天坛公园，我对一些历史文化有了一定的了解，宏伟的建筑更让我深刻地体会到了古人的智慧。

把事情写得有起伏

小学生的日记大多是记叙文，写一个人，或记一件事。这类日记只要中心明确、思想健康、语句通顺、内容具体、没有错别字、标点符号能正确运用，就算是不错的了。如果要求稍高一点，就是把事情写得有起伏，使文章更能吸引人。

2023年10月12日星期四　　　　　　　　　天气：晴

啄木鸟医生

三（4）班　王钰菡

从前有一个美丽的森林镇，里面住着的动物们都有自己的树木。森林镇有一位心地善良的啄木鸟医生，她每天都热心地给生病的树木治疗，这让动物们都很喜欢她。

有一年冬天，下起了鹅毛大雪，森林里天寒地冻，一只可恶的虫子钻进了一棵橡树中，贪婪地吸食着树汁，还嚣张地说："你们一群菜鸟，能拿我怎么办？"

眼看橡树的身体一天不如一天，松鼠邮递员马上把这件事情告诉了啄木鸟。

啄木鸟医生冒着大雪来到了橡树这里，把虫子拉了出来，橡树慢慢地恢复了生机！

可第二天早晨，啄木鸟发了高烧，一病不起。松鼠邮递员飞快地把这个消息传遍了整个森林镇，动物们都很担心她。但森林镇依然有许多树木需要治疗，啄木鸟的妹妹小柳想帮姐姐，于是学着姐姐的样子给树木治病。但小柳不会治病，反而把树木们折磨得痛苦不堪、东倒西歪，动物们都为树木担忧，忙告诉了啄木鸟医生。

啄木鸟医生只好带病出门，边治病边道歉。可是啄木鸟医生的病太严重了，在给一棵杨树治疗的时候，她头朝下掉了下去，结果把腿给摔断了！

小柳很自责，自己好心办了坏事，还让姐姐受了伤。看着虚弱的姐姐，小柳伤心地哭了起来。

这时，猴子哥哥抱着一个和皮球一样大的桃子进来了，猴子哥哥说："我可要好好感谢啄木鸟医生，多亏她把我家的桃树医好了。给！这个桃子送给你们，可甜了！"

小柳不哭了，她把桃子切好，一点一点喂给姐姐吃。又陆陆续续地来了很多动物，他们都是来感谢啄木鸟医生的。

慢慢地，啄木鸟医生好起来了，她开始教小柳医术，小柳很专心，很快就学会了。啄木鸟医生又继续给树木治病。

不久，啄木鸟医生收到了海鸟村动物发来的邮件，希望她能去海鸟村帮助他们，啄木鸟坐上了森林大巴，向海鸟村出发了。

2023年10月27日星期五   天气：晴

团结的力量

三（4）班　梁李佳

今天我吃面包时，不小心把一些面包渣弄到地上了，不知道什么时候引来了许多小蚂蚁，只见它们个子小小的，长着两只小触角，两只触角还碰来碰去，看着很开心呢！

几只蚂蚁在地上匆匆忙忙地走着。我走到水池边，接了些水朝它们冲去，这时候水珠像胶水似的粘住了它们。它们围成了一个圈，奋力地拼搏，终于冲出了包围圈，又排着长长的队伍向前走去。

这件事让我体会到了我们做什么事都要团结，只有同心协力才能够做好每一件事。

2023年11月3日星期五　　　　　　　　　　天气：晴

打 针

三（4）班 韩宇泽

今天下午上第一节课的时候，老师让打针的同学出去排队。

到了打针的地方，小梁同学直往后跑，我和小杨同学一次次地把他拉回来。小梁说："我怕是个实习医生，给我打出什么差错！"

这时，老师让我们来到一队的后面。先是一个医生在打针条上写字，然后我们拿着打针条去领药，再去排队打针。我也非常担心，生怕是个实习医生。但幸好不是，扎得不疼，几乎感觉不到。他给我扎得非常准确，一定是扎到血管上，而不是神经上，要是扎到神经一定会超级疼吧！

打完针我发现打针并没有那么可怕，不像我想象的像做噩梦那样，这时我再看看小梁同学，他也打完针了，一副若无其事的样子，想必也和我的感受一样吧！

写学习中的"学"

　　每天，学生都会从老师那里、从课本上、从课外读物中、从其他人那里学到很多的知识，用日记随时记下"所学"，常反思，常想，可以帮助理解、增强记忆、温故知新。

　　2023年10月7日星期六　　　　　　　　　　天气：晴

美术课

三（4）班　赵艺涵

　　今天上美术课，我特别认真地画了一幅《长城》，我怎么也没想到我可以画出这么美丽的画！我兴奋地给老师看，老师在全班同学面前表扬了我。

　　我发现：世上无难事，只怕有心人。只要我们认真地做事，一定会有越来越多的惊喜。

　　2023年10月9日星期一　　　　　　　　　　天气：阴

拔　河

三（4）班　韩宇泽

　　今天体育老师让我和小宋拔河。

　　老师用两根长长的橘色皮带，像"拔根儿"一样交叉着，我和小宋就开始拔了。我拉着左端，小宋拉着右端。我们两个使劲地拔呀拔呀，一会儿往这边，一会儿往那边……有好多人在给我喊"加油"呢，我一下子就来精神了，我更使劲地跟小宋比拼起来，最终是我赢啦！

小宋不服这个结果，又跟我比了一次，还是他输了。

我觉得拔河非常好玩，下次我还要玩。下次会是谁来比赛呢？又会是谁赢呢？

2023年10月9日星期一　　　　　　　　　　天气：晴

立定跳远

三（4）班　张　影

一上体育课，周老师说："今天要练习立定跳远。"我特别认真地听老师讲规则。

周老师接着说："规则是两人一组，一个人先跳，第二个人在不能趴地上、脚也不能超过白线的前提下，碰到先跳的那个人。"

我和小张同学一组。小张同学碰到我了，我也碰到她了。

但是我想知道怎样才能跳得更远。

老师又教给我们：把手往上甩的时候，腰也要往上；手往下甩的时候，膝盖要屈；跳的时候腿要向上顶，这样就能跳得远。

按照老师的方法，果然我跳得更远了！

写童年的"趣"

小学生天真活泼、好奇好动、争胜要强、充满童趣，这是儿童生活中独有的。他们的乐事、趣事记下来别有一番情趣。小学生的日记，从生活的不同方面写出了他们眼中的世界。他们用自己的眼睛观察生活、用自己的笔写生活，这些日记表达了他们的真实情感，表现了生活的真、善、美。

2023年10月10日星期二　　　　　　　　　　　　天气：晴

孵蛋了

三（4）班　沈辛遥

今天好开心哪！你们知道吗？在我的照看下，我家小鸟终于学会安安静静地孵蛋了！

事情要从9月10日说起，从那天起我家小鸟就很少出它们的小家了，我妈妈打开它们的家一看，里面有4个小鸟蛋！这可在我心里掀起了惊涛骇浪，我太高兴了！

我家小鸟的饭量少了很多，可能是因为它在孵蛋，连以前最爱吃的小零食都不吃了，真是一个认真孵蛋的好妈妈。就让我们来等待一个个新生命的出生吧！

小鸟妈妈孵蛋这么辛苦，我想到我妈妈生我时应该一样辛苦吧，看来以后我要让妈妈开心，不要让她生气。

2023年10月10日星期二　　　　　　　　　　天气：晴

紧张的一天

三（4）班　李禹均

今天可真惊险，但高风险、高回报！

事情发生在体育课上，老师一上课就让跳绳没跳过100个大关的人站出来，还找人教他们，这种教人的好事我肯定要来。

老师说让我们站在选的人的后面，前三个我没抢上，但第4个，老师话音未落我就抢上了。老师给我看了他跳绳的数量是95个，我心想：就差5个，这不是小菜一碟吗！

后来我发现他跳95个都算超常发挥了，我心里的希望被扑灭了，但是我还是不放弃，一直让他练摇绳和跳的速度，可是这些都不奏效。

最后三分钟，我发现了根源上的问题——他每断一次就浪费2秒钟，我赶紧教他如何跳能浪费最少的时间，但没练多长时间，老师就开始测试了，我绝望地闭上了眼睛。令我没想到的是，他最后开始加速，跳了105个呢！我在心里高呼："过了！"

老师奖励了我两个贴画，这件事情不光让我知道了高风险、高回报，还知道了要从根源上找问题。

2023年10月11日星期三　　　　　　　　　　天气：晴

可怕的运动

三（4）班　宋晨光

今天我正在梦里玩手机，突然老爸把我从梦里拉了出来，我睁开眼发现老爸今天穿的是他的红色外衣。"好看好看！"我赶紧夸赞老爸，"您今天真是好看，真是青春不过时。"

老爸一听笑开了花，我本以为这样就能多睡10分钟。可是老爸收起了脸上的笑容，厉声喊道："别以为我会让你多睡，快跟我一块运动去！"

我不想去，可是老爸把我硬生生地从温暖的被窝中拉了出来。刚开始，我就跟着跑，跑累了就坐在地上，是老爸拿着一根树枝赶着我跑。

第一天，我跟不上爸爸。第二天，我还跟不上爸爸。跑到第三天，他真的生气了，说道："如果你再跟不上我，就不要回家了。"我一听"不回家"这三个字，就浑身充满了"鸡血"，慢慢地跟上了他的脚步。

第四天和第五天，我刚起步就能超过他几十米，我便学着他的样子从树上摘下一根枝条，在路边甩着龙飞凤舞的树枝等着他。

但是他毕竟是爸爸，我毕竟是儿子，我也不敢把树枝抽到他身上，可是那感觉，甚好！

写劳动中的"苦"与"乐"

在学校，学生们经常要参加一些活动，如课外体育活动、班队活动、自我服务性劳动、公益性劳动等；在家里，学生们经常帮助家长做一些力所能及的家务，从中学知识、学技能，其中有艰辛，更有欢乐。把这些用汗水换来的欢乐与成果记录下来，就是一篇很有意义的日记。

2023年10月10日星期二   天气：晴

值　日

三（4）班　于芷晗

今天是星期二，又轮到我们二组做值日了。

我负责扫地，我拿起笤帚和簸箕扫了起来，没过一会儿就扫了一大堆垃圾。我和其他同学又摆了桌椅、擦了黑板、擦了地。

我们把教室打扫得干干净净。

希望明天同学们来到班级后，看见这么干净的教室，心情会更好！

2023年10月10日星期二 　　　　　　　　　　　天气：晴

清蒸鲈鱼

三（4）班　赵皓宇

今天晚上我们家吃了清蒸鲈鱼，这是我很喜欢吃的一道菜，这道菜还是我亲手做的呢！它的做法也不难。

先在鱼身上切花刀，把料酒和盐涂在鱼身上，放上准备好的葱丝和姜丝。

上锅蒸十分钟后，做一锅热油淋在鱼身上，再把葱丝和姜丝挑出，倒掉热油，浇上酱油就完成了。

自己做的菜，吃着特别香！

这道菜是我在一个综艺节目里学的，同学们也可以试着做一做。

2023年10月15日星期日 　　　　　　　　　　　天气：晴

洗　碗

三（4）班　梁李佳

今天中午吃完饭，我要洗碗。

妈妈说："你能行吗？"我说："让我试试吧。"

我先把全部的碗收拾起来，再放进水池。妈妈说洗涤灵和温水能去油污。我急忙拿来洗涤灵，往百洁布上滴了一些，打开水龙头，调到温水的位置。我左手拿碗，右手拿百洁布，先擦碗里面，再擦外面。妈妈说："碗盘的沿也要擦干净。"

我觉得洗碗很容易，就回答："小事小事，让我自己来。"

我仔细地拿百洁布把碗擦了一遍，怕不干净，又擦了一遍，觉得干净了，正要把它放好，手一滑，扑通一声，碗掉进了水池里。

我心里一惊，把碗拿起来一看，幸好没有摔坏。这下我要小心了，接着洗第二个碗、第三个碗……直到把碗盘全部洗完才松口气。

妈妈在旁边笑着说："这是第一遍，第二遍还要把泡沫冲干净才行。"

我想，平时这些活儿看起来都很简单，自己做起来却不是那么回事儿，看来以后要自己多多实践才好呀！

谈活动

让学生走出学校去体验社会生活，这是丰富学生生活内容，为他们的写作提供材料的好办法。学生毕竟是孩子，他们的兴趣和成年人大不相同，在我们看来微不足道的小事，却能引起他们极大的兴趣。

2023年10月5日 星期四   天气：多云

大运河游船

三（4）班　张漠龄

早晨，我起床后，爸爸问我："今天下午我带你去坐游船好不好？"我兴奋地回答："好呀！好呀！"

我去衣橱里选了一身漂亮的衣服，爸爸就开车带着我和妈妈出发去运河的二号码头乘坐游船了。到了二号码头，爸爸买好了票，我们就准备登船了。

顺利地登船后，我们坐到了靠窗的位置。船刚开了一会儿，我就迫不及待地跑上了第二层的甲板。在甲板上，我看到运河的水缓缓地流着，不时有游船经过，我们快乐地和船上的人打招呼。我和爸爸妈妈在甲板上拍了很多照片。

游船在运河上大概行驶了一个小时，随着一声长长的鸣笛声，船就靠岸了。

今天乘坐游船，真是幸福快乐！

2023年10月9日星期一　　　　　　　　　　天气：晴

升旗仪式

三（4）班　于芷晗

今天是星期一，轮到我们班的同学当升旗手了，前几天袁老师选我来当升旗手，虽然这已经是几天前的事了，不过我还是很兴奋。

昨天已经练习过了怎么升旗，但我今天还是有一点紧张。我和昨天跟我一起练习升旗的同学来到了国旗台，我发现这次来到的国旗台不是昨天练习升旗的国旗台，我想了一会儿，不想了，就按老师说的做吧！

这个国旗台要用遥控器，老师告诉了我们这个遥控器怎么使用，原来只要按第一个按钮国旗就会升上去。很快，升旗仪式开始了。国歌一开始我就按下了按钮，国旗真的升到空中去了，它在空中随风飘扬。很快升旗仪式就结束了。

这次升旗仪式我顺利完成了，心里还是很自豪的。

2023年10月13日星期五　　　　　　　　　天气：晴

系红领巾

三（4）班　于奕凡

今天我们来到学校的通强园参加了少先队活动。

今天这个活动有一个小项目，我特别喜欢，就是给二年级的弟弟妹妹们系红领巾。昨天我在家练习了好多遍，今天我一定要做好！

到给弟弟妹妹们系红领巾环节了。我开始系了起来，一开始我系得不太好看，心里有点慌，但是我把那个结往上拉了一下，咦！我觉得好看了。

系完之后，我对弟弟妹妹们说："你们已经成为少先队员了，一定要好好学习、天天向上。"弟弟妹妹们点点头，仿佛心里在说："好的，哥哥，我们一定会对得起胸前的红领巾的。"

写心中所"想"

人总是有思想的。心中的愿望，所见所闻，所经历的感想，对周围人或事的看法，甚至心中的烦恼、苦闷、委屈、启示等，都可以在日记中尽情地倾吐。

2023年10月7日星期六　　　　　　　　　　天气：阴

开心的体育课

三（4）班　司馨冉

今天是我们国庆放假回来上学的第一天，我们的第三节课就是体育课。

今天的体育课老师分了三个部分，第一部分是检查列队，第二部分是做反应小游戏，第三部分是仰卧起坐。

其中最让我头疼的就是仰卧起坐。当老师说到"仰卧起坐"这四个字的时候，我的心情非常崩溃，因为这是我的弱项。虽然我天天在家练习，但效果也不是很好。

到我了，我心里默默地鼓励自己：上次一个也没起来，这次一定要突破自我，要达成老师要求的数量——15个。

但让我没想到的是：我成功地做到了15个！让老师和同学们大吃一惊。

体育周老师也表扬了我："小司，表现得很好，看来回家一定是练习了。"

我总感觉这节课过得很快，因为我的心里美滋滋的。

这节课让我明白了一个道理：失败乃是成功之母，只有坚持不断地练习才会有收获！

2023年10月12日星期四   天气：晴

吃　货

三（4）班　宋晨光

今天早上，我睡得正香呢，突然感觉耳朵一阵疼，我像一台被长按强制开机的老年机被爸爸拉了起来。爸爸说："快起床了，今天早上你叔叔要结婚！"

我一听到"结婚"这两个字就想到：一定有很多好吃的！比如甜米饭、紫薯汤、粉蒸肉，还有牛肉、羊肉、喜糖、瓜子、巧克力！我赶紧起床、穿衣服。

我和爸爸妈妈到了饭店的"富贵厅"。我刚一进去就闻到了一阵香香的味道和甜甜的味道，于是我找了一个座位坐下来。

等了一会儿之后，菜就上齐了，果然有很多好吃的。我赶紧夹了一块羊肉塞进嘴里，香味和辣味搭配在一起，好像在我的舌头上跳舞！我又把这里的汤都喝了一遍，比如紫薯汤、鸡蛋汤，还有黑米粥也逃不过我的眼睛。我还吃了海鲜、小蛋糕。

吃完之后，我走到外面转一转，脑中还一直回味着吃过的那些菜。

现在想起来，还是让人垂涎欲滴、回味十足啊！

2023年10月16日 星期一　　　　　　　　　　天气：晴

矛 盾

三（4）班　沈辛遥

今天上午在上操的时候，我踩到了小于同学的脚，小于同学以为是小陈同学踩的，于是小于同学就对小陈同学竖中指，我又踩了他一脚，他又以为是小陈同学踩的，又对她竖中指。这回小陈同学也生气了，她说："你干什么呀？我又没踩你，是她踩的。"

这时已经上完操了，小于同学气冲冲地找我算账，真有意思，只要我死不承认，他拿我也没有办法。

最后，小于同学悻悻地走了。我心里暗自窃喜没有让他发现是我踩的。

下午回到家，我兴高采烈地把这件事说给妈妈听，没想到妈妈严肃地批评了我，这种恶作剧制造了同学间的矛盾，是不对的。妈妈的话提醒了我，明天我要主动找小陈同学和小于同学道歉。

我还要提醒小于同学，我们要做一名讲卫生、讲礼貌的小学生，不能竖中指、说脏话，这样很不文明。

要坚持表扬

对于小学生写日记，要以表扬、鼓励为主。特别是在小学生刚学习写日记时，只要能坚持写日记，这种积极性是很可贵的，教师、家长一定要好好保护它，一定要大力予以肯定、鼓励、表扬，让学生的这种积极性不断地发展、巩固，使其成为一种自觉性。

教师可以抓住两个环节促进学生日记水平提高：一是批阅。我对大部分文章只看而不改，打个分数，但尽量写些简短的鼓励性评语。同时，选出若干篇较好的日记作评讲用。二是评讲。评讲时，主要是读些较好的日记，热情地肯定其中的点滴长处，有时也可略谈些进一步修改的意见。

2023年10月14日星期六 　　　　　　　　　天气：晴

去姥姥家

三（4）班　杨紫雄

今天爸爸妈妈说要带我去姥姥家，我好高兴。

到了姥姥家，我看见姥爷在刮腻子。姥爷整整刮了一个屋子，以前乱涂乱画的痕迹都没有了，姥爷可真厉害。

通过这件事情，我知道了姥爷刮腻子的辛苦，以后我们不要在墙上乱涂乱画了。

2023年10月12日星期四　　　　　　　　　　　天气：多云

自己煎鸡蛋

三（4）班　张贺芃

今天早上我比往常起得早，因为我要自己煎鸡蛋。

我先打开冰箱，从冰箱拿出鸡蛋。

然后我来到厨房，找了一个碗，把鸡蛋磕开一条缝，有些蛋液就流了出来，像是鸡蛋的眼泪。我又把鸡蛋轻轻一掰，一个大蛋黄流了出来，旁边还有蛋液。

接着我把油倒进锅里面，等油变热后把鸡蛋倒进锅里，蛋液没一会儿就变成了蛋白，像魔术一样。虽然变成了蛋白，可还没有熟！我又小心翼翼地把鸡蛋翻了一个面，大蛋黄也变成了蛋液，不过是橙色的。我又把鸡蛋翻面让它两面受热均匀，快熟的时候我又放了一点盐，油煎了一会儿鸡蛋就好了。

我觉得煎鸡蛋看着难，自己做的时候没有那么难。

2023年10月28日星期六　　　　　　　　　　　天气：晴

亲子乐园

三（4）班　杨镜暄

今天，我和小王同学、小赵同学一起去了亲子乐园。

到了以后，我迫不及待地冲了进去。我第一个玩的是五彩缤纷的彩虹滑梯，我做梦也没有想到滑彩虹滑梯的橡皮车轮还要自己拉上去，但我看了一下上去的高度，小菜一碟！正当我要爬时，小王同学说："你可别小瞧它的高度，虽然不高，但是有上坡路。"小赵同学也频频点头，我心想：我就不信邪了！我拿起橡皮车轮就奔向顶端，结果很快就到最顶端了。看来也没他们说得那么夸张。

　　接着我们又去玩了极限版勇攀高峰，第一次我害怕高，连滚带爬地下来了，但是妈妈说过：放弃就真的失败了。我一鼓作气继续往上爬，眼看着差一点就到终点了，小王同学和小赵同学都在给我喊"加油"，我一下子就来劲儿了！终于到达了终点！真是"功夫不负有心人"，坚持终究会结下硕果。

　　我们还玩了五彩斑斓的水滑梯，这个水滑梯并没有那么刺激，我问妈妈："您觉得怎么样，好玩吗？"妈妈说："实在太冷了！"我心想："今天阳光这么明媚怎么会冷呢？"我转过身一看，妈妈的衣服几乎全湿透了。我恍然大悟：哦，妈妈是因为这个才说冷的。

　　我和小王同学还在脸上画了彩绘，小王同学画的是梅花，我画的是碧绿的蝴蝶，画得真是栩栩如生啊！我觉得就好像有一只真蝴蝶落在了我的脸上！

　　今天真是充实而又有意义的一天，下次我还要来！

下 篇
等闲识得东风面，万紫千红总是春
——日记点评篇

2024年3月3日星期日　　　　　　　　　　　天气：晴

我的植物朋友

三（4）班　宋晨光

春天要来到，万物变欢闹。今天我给大家讲一下我的植物朋友吧。

我的植物朋友可多了！有绿萝、荷花，还有狗尾草……它们全在我的秘密基地里呢。荷花说："绿萝，你看我漂亮吗？"绿萝回答说："你很漂亮。"荷花得意扬扬地去问下一个植物朋友了。几乎所有的植物都说："你很漂亮，你太漂亮了。"只有苹果说："漂亮有什么用？好吃才好呢。"我在秘密基地外听见了它们的对话，便走了进去，里面顿时一片寂静。我打破了这寂静，我说："好看有好看的好处，好吃也有好吃的好处，你们不要吵了。"

我过了好一会儿才缓过神来，植物不会说话呀！是我看得太入神了，刚才的一切都是幻境。

【点评】

小作者想象力丰富，把要说明的道理通过植物们的对话巧妙地表达了出来，表达方式新颖别致。结尾以"一切都是幻境"结束，又把读者拉回了现实，构思巧妙，引人深思。小学生能有这样的布局意识令人耳目一新、刮目相看！

（点评教师：付洪霞）

2024年3月3日星期日   天气：晴

我的植物朋友——向日葵

三（4）班　刘叶伊蕾

我的植物朋友是向日葵。

它长得像一个小太阳，花瓣长在花蕊的周围，形成一个圆圈，看起来很可爱！它们被大量地种在农民伯伯的田地里，金黄色的，气味有一点苦但也夹杂一丝丝清香。

它不仅可以用来观赏，还可以作为食物食用！

向日葵很常见，生命力比较强。有的向日葵可以开得很茂盛，花期也很长。我喜欢向日葵是因为看着它使我心情愉快。

向日葵一般是向着太阳生长的，这也是它名字的由来。向日葵向阳而生，它是积极向上的，我要学习向日葵积极向上的品质，每天都信心满满地去上学，开开心心地生活！

我很喜欢我这个植物朋友，它带给我生活上的启示，让我受益匪浅！

【点评】

向日葵是小作者的植物朋友，从字里行间能体会到小作者对向日葵的喜爱之情。全文层次清晰、语句流畅。特别是向日葵顽强的生命力给小作者带来的积极向上的生活态度，升华了全文的主题。

建议：如果在写向日葵的形状、颜色时，用一些比喻、拟人等修辞手法，就会使向日葵这个朋友更加可爱、更加诱人地展现在读者面前。

（点评教师：付洪霞）

2024年3月3日星期日　　　　　　　　天气：晴

我的植物朋友——淡雪幽灵公主

三（4）班　陈梓菲

清晨，一缕阳光透过窗户洒落在阳台上，阳台上的小花们伸着懒腰缓缓地睁开眼睛。

我家的阳台是个小花园，有紫罗兰色的绣球，有玫红色的杜鹃花，有红、黄、粉三色拼成的长寿花，还有绿色、文雅的君子兰，等等。可是我最喜欢的却是特别不起眼的一盆植物，那就是多肉。虽然不起眼，但它的名字很好听——"淡雪幽灵公主"，这名字不错吧。

这盆多肉陪伴了我很久，记得它是我前年参加一个"六一"儿童节活动时得到的礼物，所以我格外珍惜它。

它刚到我家时，还是个小不点，只有我小拇指那么高，纤细的枝干上只有五六片叶子。叶子是椭圆形的，绿色的叶片非常肥厚饱满，肉嘟嘟的，像极了婴儿的小脸蛋，歪着脑袋静静地站在粉色的圆形花盆中，显得非常可爱。

我想让它快些长大，所以我每天都用心给它浇水、晒太阳。有一天，我在给它浇水时不小心碰到了叶子，叶子就掉了三四片，仿佛是"淡雪幽灵公主"伤心时掉下的眼泪，我着急得也快哭了。我赶紧向妈妈求助，妈妈说："多肉不能浇太多水，一周浇一次就可以。"妈妈把掉下来的多肉叶片插到"淡雪幽灵公主"身旁的土里。过了几天，竟然多出了四个小多肉，原来这就是那四片掉落的多肉叶片长出来的，这太神奇了！

又过了些日子，"淡雪幽灵公主"长高了不少，枝干上长出了好几十片叶子，它比以前更结实了。由于我一直把它放在阳光最充足的地方，它身上的叶片颜色发生了变化，居然有三种颜色，最下面是青色，中间是紫色，最上面是红色，就好像一件漂亮的蛋糕裙。真是"给点阳光就灿烂"，这让我太有成就感了！

在我和我的植物朋友相处的这段时间里，我看到了它身上的优点，比如：生命力非常顽强，只要一点土就能生根发芽；它还特别积极向上，只要有阳光，就会努力让自己更漂亮。

这就是我最好的伙伴"淡雪幽灵公主"。

【点评】

小作者通过细致的观察，描述了多肉的颜色、样子，并辅以比喻、拟人等手法，透过生动、形象的语言描绘，使读者仿佛看到了这位有趣的朋友。小作者对植物的喜爱处处可见，情真意切，让人乐读、爱读。

（点评教师：邓跃男）

2024年3月3日星期日　　　　　　　　　　天气：晴

我的植物朋友——绿萝

三（4）班　杨镜暄

　　我家有四盆绿萝，它们给我的生活带来不少绿意和清新的气息。

　　绿萝是一种四季常青的植物。它的叶子是心形的，枝繁叶茂，既可爱又美观。它的生命力非常顽强，不需要特别的照料，适应能力非常强，是最受欢迎的室内植物之一。

　　绿萝不仅外观好看，还有很多的实用价值。它可以吸收室内的有害气体，净化空气，同时，它还可以增加室内湿度，让我们呼吸得更加健康。除此之外，绿萝还有着美好的寓意，它代表着希望和新生，也可以为人们带来好运。每到周末，我都会亲自为它们浇浇水、松松土，看看它们是不是长出了新芽，帮它们修剪枯黄的叶子。每每这时，它们仿佛都在对我微笑地说"谢谢"！

　　这就是我的植物朋友绿萝！

【点评】

　　写好观察日记的法宝：看、听、闻、尝、触、想等。小作者观察绿萝，观察它的叶子的特点，而且重点写了它的价值，看来小作者更喜欢它的内在美，也就是品格，说明小作者的审美很是深刻。

　　建议观察植物时，还可以仔细观察它的花、茎、叶、枝，对这株植物的各个部分的形状、颜色、姿态以及味道作全面的了解，相信笔下的植物朋友会拥有更多的"粉丝"。

（点评教师：邓跃男）

2024年3月3日星期日 　　　　　　　　天气：晴

我的植物朋友——长寿花

三（4）班　张漠龄

我有一位植物朋友，它的名字叫长寿花。

长寿花的根又粗又长，茎和叶是翠绿翠绿的，花的颜色可多了，有粉的、黄的、白的……漂亮极了！长寿花的花期很长，如果温度适宜，长寿花一年四季都能开花，这应该就是它叫长寿花的原因吧。

长寿花刚到我家的时候还是花骨朵儿，过了几天就开花了。花开谢了，只要继续好好地照顾它，过段时间它还能开花。

长寿花有一个特点，那就是耐旱，一个星期浇一次水就行。如果连着两个星期忘了浇水，长寿花也不会枯死。

冬天，百花凋谢，一般大家都以为只有梅花还在开放。但是，如果把长寿花摆放在温暖、有阳光的地方，长寿花也能开出美丽的小花。

长寿花的适应能力也很强，剪下一枝插进土里，浇一点水，过几天就会生根发芽。

长寿花，这样生命力极强的植物，深得我的喜爱。

【点评】

小作者看到了长寿花美丽的颜色、坚强的品格，是个很有鉴赏力的好孩子。

建议：观察花可以观其形，也可触摸以体会其手感，当然还可闻其香，这样多方面描摹，植物朋友的形象就会更立体、更丰富。

（点评教师：喜志林）

2024年3月3日星期日　　　　　　　　天气：晴

我的植物朋友——茉莉花

三（4）班　于芷晗

冬爷爷已经走了，春姑娘回来了。它一来，万物复苏，鸟语花香。

在我家的阳台上，有很多争妍斗艳的花朵，有沙漠玫瑰、多肉、三角梅和红掌，但我最喜欢的是茉莉花，它"芬芳美丽满枝丫，又香又白人人夸"。

茉莉花的茎长而粗，像婴儿那嫩嫩的小手臂，它牢牢地托起上面椭圆形的叶片和花瓣，任风怎样猛烈地碰撞和吹打，它都如泰山般稳固，绝不低头妥协！茉莉花的叶片呈椭圆形，多而密，那细细的叶脉透着新绿，绿得发光，绿得鲜亮，绿得动人。风一吹，叶片发出了细微的声音，好像几个小孩子凑在一起说悄悄话。

茉莉花盛开时，虽没有玫瑰那么浓烈的气味，但它却可以用一种别样的淡淡的清香，给你留下深刻的印象。如果你深吸一口气，会感觉整个人都陶醉在了这花香中。

我喜欢茉莉花，因为它朴素淡雅，不与百花争奇斗艳，却让人过目不忘。

【点评】

好一朵美丽的茉莉花！它美丽而不娇柔，泰山般的风骨蕴含在叶片和花瓣里，芳香历久而沁人心脾，让人怎能不迷失在它的风姿里呢？小作者通过自己的笔，形象地描摹出了自己所钟爱的茉莉花，真是令人赞叹不已！

（点评教师：喜志林）

2024年3月3日星期日   天气：晴

我的植物朋友——绿萝

三（4）班　张一依

我家种着几盆绿萝，这是我最喜欢的植物。

绿萝的叶片不是很大，一朵连着一朵，一片挨着一片，远看像一颗颗绿色的大宝石，近看像一个个小桃心，真美！绿萝的根又细又多，像长在土里的"蜘蛛网"，绿萝可以种在土里，也可以种在水里，被人们称为"生命之花"，是一种很好养活的植物。

绿萝的生命力非常顽强，记得有一次妈妈很多天没给它浇水，等发现的时候绿萝已经枯萎变黄了，妈妈赶紧把发黄的叶子剪掉，又浇上了足够的水。

到了晚上，我躺在床上，久久不能入睡，我好像听到了绿萝"咕咚咕咚"喝水的声音，眼前仿佛又出现了绿萝生机勃勃的样子。过了几天，绿萝竟然奇迹般地"复活"了，这样顽强的绿萝使我更加喜欢它了。

绿萝是我最喜欢的植物，也是我的植物朋友！

【点评】

小作者观察认真，表达有序，用词生动，情感真实。文章层次清楚，结构完整。首先开门见山地引出最喜欢的植物——绿萝，然后用比喻、拟人手法和具体的实例对绿萝的叶子、根和顽强的生命力进行了详细的描写，最后结尾表达爱意，点明主题，呼应开头。

（点评教师：付洪霞）

2024年3月3日星期日　　　　　　　　　天气：晴

我的植物朋友——仙人掌花

三（4）班　于奕凡

清早，我和弟弟来到阳台，一进门我就看见了几朵美丽的小花，我赶紧向仙人掌走去。

粉红的小花已经开了不少。仙人掌的尖刺密密麻麻的，像无数根纤细的、金黄的牙签，小花们在无数根牙签之间格外醒目。有的才展开五六片花瓣；有的花瓣全展开了，露出了嫩黄色的花蕊；有的还是花骨朵儿，看起来饱胀得马上要破裂似的。

这么多的粉红色小花，每朵都千姿百态。看看这一朵，很美；看看那一朵，也很美。如果把眼前的一朵朵小花看作一个个折纸作品，那艺术家的本领可真了不起。

我忽然觉得自己仿佛就是一朵仙人掌花，穿着五彩斑斓的衣裳，站在阳光里，暖暖的阳光照在我身上，觉得无比舒适。不光是我这一朵，所有小花都和我同感。

这时弟弟拍了拍我的后背，我不是仙人掌花，我是在看仙人掌花呢！

【点评】

小作者观察仙人掌花有法宝：看、想。看，用眼睛看到了花的外形美；想，自己仿佛就是那朵仙人掌花，多美好的想象！

建议：观察植物，要用眼睛观察它的干、茎、叶等各部分的特点，对这株植物的各个部分的形状、颜色、姿态、味道作更全面的了解与介绍。

（点评教师：喜志林）

2024年3月3日星期日 　　　　　　　　天气：晴

我的植物朋友——玉兰花

三（4）班　王一然

　　春天到了，我最喜欢的玉兰花要开放了，你们喜欢玉兰花吗？

　　每当春天到来，我家小区里的玉兰花就开了。小区里的玉兰花底部是紫色、顶部是白色。树上一片叶子也没有，开满了玉兰花，有的才展开两三片花瓣，有的花瓣全展开了，有的还是含苞待放的花骨朵儿。

　　一阵风吹过，有些花瓣被风吹上天空，又慢慢落到地上，像一块地毯。我捡起一片闻了闻，有一股淡淡的清香。

　　玉兰花的花期是十到十五天，虽然花期很短，但玉兰花却给春天加上了浓墨重彩的一笔，让人难忘。

　　玉兰花不仅有很高的观赏价值，它的籽还可以榨油，给我们的生活增添了许多味道。它的叶子可以制成药物，给病人带来健康。

　　我喜欢玉兰花，因为它的功能很多，还很漂亮。

　　你最喜欢哪种花呢？

【点评】

　　小作者从赏花开、观花落、闻花香三个层次展开观察。在写作时条理清晰、层次分明，既有所见，又有所感，多角度对玉兰花进行描写，多种感官参与其中，结尾处又点明了玉兰花的作用，更突出了其内在的美，字里行间流露出对玉兰花的喜爱之情。

　　建议：文中对玉兰花的颜色和动态描写都很好，如果对其形状的描写再细致些，日记的重点就更突出了。

（点评教师：喜志林）

2024年3月3日星期日　　　　　　　　天气：晴

我的植物朋友——迎春花

三（4）班　牛泽午

公园里经常出现迎春花的身影。今天，我要向大家介绍我的植物朋友——迎春花。

迎春花的花瓣个个都是椭圆形的，每朵都由五片或六片花瓣组成，每片花瓣都金光闪闪。迎春花就像一盏盏在洁白的月光下闪烁的小灯，又好像一个个金色的小喇叭，演奏出金色的音乐。春天就在金色的音乐中不知不觉地到来了。

看着看着，我渐渐感觉自己也变成了一朵迎春花，一阵春风吹过来，我就在风中翩翩起舞，迎接着春天的到来。风停了，小鸟在我身边高声歌唱，我张开那些花瓣迎接着蜜蜂和蝴蝶的到来……

突然，我从变成花儿的梦中醒来，继续前行，沿路欣赏。我爱春天的迎春花，它们是春的使者，也是快乐的使者，带给我无尽的遐想和无穷的快乐。

【点评】

小作者充分运用动静结合的写法，并运用比喻、拟人等修辞手法对迎春花进行了生动、形象的描绘，让读者仿佛置身于梦境一般的世界。小作者观察认真、描写细致、情真意切。把自己设定成"梦中人"的写法，构思新颖、奇幻，带给读者不一样的感受，表达出对植物朋友——迎春花的喜爱之情。

（点评教师：付洪霞）

2024年3月3日星期日   天气：晴

我的植物朋友——绿萝

三（4）班　杨智程

我有这样一位植物朋友，在五彩缤纷的植物王国中十分不起眼。它不会开花，更不能结果，有的只是一簇簇的绿叶，简单质朴，只要给它浇点水，它就能坚强地存活。大家能猜到这位植物朋友是谁吗？没错，它就是绿萝。

我的这位朋友全身都披着绿色的外套，有的是深绿色，有的是浅绿色，还有一部分是墨绿色的，根据它的叶片颜色，便能分辨出它的年龄，仿佛树的年轮。叶片的形状是水滴形的，就像下一秒从天空中落下的小水滴。它很爱装饰，给自己的根茎画上了深棕色的花纹。

绿萝有着顽强的生命力。今年春节，我们全家回姥姥家过年，半个多月没有给它浇水，可回来后，我发现它的叶片依旧保持着嫩绿的光泽。没有阳光的普照，没有水的滋养，它的根茎依然牢牢地扎在泥土里，保持着旺盛的生命力。别看它平平无奇，其实它还有一个巨大的作用，那就是净化空气、吸附甲醛，把空气中的毒素都清理干净。

这就是我的植物朋友绿萝，小小一盆，发挥着巨大的能量，还能带给我们健康快乐，我十分喜欢它。

【点评】

这篇日记的文字运用能力和思想深度都达到了很高的水平。开头介绍了绿萝的主要特点，运用设问的写法，引发读者的兴趣。行文中运用多种句式写出绿萝的样子，通过举例子的方法写它自身具有顽强的生命力，最后还升华到可以净化空气、为人民服务的高度。不仅表达出了小作者的情感和态度，而且也引发了读者的共鸣。

（点评人：叶燕伶）

2024年3月3日星期日　　　　　　　　　　天气：晴

我的植物朋友——芦荟

三（4）班　尹弘博

你们可能不相信，它很神奇，经常帮助我们，它不是人类，也不是动物，而是一种植物，它也是我的好朋友，我称它为"芦荟先生"。

芦荟的叶子跟别的植物不一样，形状也不一样。小的时候像一棵未成熟的小葱，长大以后的叶子又大、又多、又胖，边缘还长出很多小刺，我觉得很像鳄鱼的牙齿。如果你再仔细观察就会发现它那绿莹莹的外表上有许多芝麻一样的小点儿。

有一年夏天，我被蚊子咬了，太痒了，都挠破皮了。妈妈摘了一片芦荟叶，用芦荟汁涂抹在蚊子咬的地方，一会儿就不痒了。通过这次涂抹，我才知道芦荟还有止痒的作用！从妈妈这儿我又知道了它还有消炎、消肿的功效。

这就是我的植物朋友——芦荟先生。

【点评】

本文的开头引人入胜，小作者观察得细致入微。语言虽然并不华丽，但极为准确生动，尤其是通过自己的亲身经历来说明芦荟具有消炎、止痒的功效，情感丰富而真实，读来津津有味。

（点评人：叶燕伶）

2024年3月3日星期日 天气：晴

我的植物朋友——郁金香

三（4）班 张 影

20天前我的植物朋友来到了我家，这个植物朋友就是郁金香。它具体长什么样子呢？

它刚到家的时候是一个种球，直到我把它放在装有水的盒子里进行水培，它那稚嫩的绿芽才从顽固的种球里钻了出来。又过了一周，所有的种球都长出了绿芽，这些绿芽在阳光的照射下茁壮成长。

过了几天，绿芽蜕变成绿油油的叶子，绿叶一片接一片就像高楼一样挺立。又过了几天，叶子内部长出了一个可爱的小花苞。又过了几天，花苞逐渐开放了，有的才展开两三片花瓣，有的花瓣全展开了，露出了嫩黄色的小花蕊，有的还是花苞，看起来饱胀得马上也要绽放开来。

郁金香花朵的颜色是从紫到粉、从粉到白，真是漂亮极了。这就是我的植物朋友郁金香。

【点评】

常见的郁金香在小作者的笔下就像一位小精灵，一会儿是种球，一会儿长叶，一会儿开花，小作者敏锐地捕捉到了它生长的全过程。"就像高楼一样挺立"，"从顽固的种球里钻了出来"，从这些形象的比喻、拟人手法可以看出小作者对郁金香深深的喜爱之情。开篇的设问句引发了读者的阅读兴趣，结尾的点题呼应了开头，也使文章结构更加完整。

建议：郁金香的颜色"从紫到粉、从粉到白"，看起来像什么呢？或者看到这颜色时你想到了什么呢？也可以展开来，写出你的想象内容，这样读者就会和你一样置身在漂亮的花海中了。

（点评教师：付洪霞）

2024年3月3日星期日   天气：晴

我的植物朋友——仙人球

三（4）班 杨紫雄

有的人喜欢娇艳的梅花，有的人喜欢挺拔的太阳花，而我喜欢坚韧不拔、顽强不屈的仙人球。

仙人球看起来像一个大圆盘，还披着绿色带刺的外套，这些看起来让人害怕的刺，如果你知道它们的来历，或许还会喜欢它们呢！听说仙人球的刺是由叶子变成的。因为仙人球在沙漠里生长的时候，太阳特别炎热，其水分蒸发特别快，所以仙人球的叶子就慢慢地变成了刺，这样就不容易蒸发水分，还可以保护自己呢！

仙人球的厉害之处还在于仙人球能给人缓解疲劳。当写作业累了的时候，我就经常拿起仙人球放在桌子上，把脸凑近闻一闻。这时，一种淡淡的植物的香味就会扑鼻而来，让我感到神清气爽，写作业的疲劳也会一扫而空。

这就是我的植物朋友仙人球，你们有没有你们的植物朋友呢？

【点评】

小作者善于观察，不仅运用比喻的手法写出了仙人球的样子，还通过举例子的方法写出了仙人球的作用。全文语言流畅，行文舒展自如、自然潇洒，值得一看。

（点评人：叶燕伶）

2024年3月3日星期日　　　　　　　　　　天气：晴

我的植物朋友——蒲公英

三（4）班　何可歆

在二三月，菜园旁的土地里开了几朵蒲公英，它们就是我最喜欢的植物朋友。

站远一点看，蒲公英像一把小小的、黄色的伞，根部周围的土就像人一样坐在伞下乘凉。

走近了一看，蒲公英的茎非常细长，风一吹，就随风舞动。蒲公英的花瓣就像一家人出去散步一样，中间的花心是它们的家，花瓣是人出去的样子。当蒲公英完全成熟后花瓣就变成一个个白色的降落伞，风一吹，小降落伞就随着风开始了一段旅行。

蒲公英的每一片叶子都像蜘蛛网一样，密密麻麻的，如果你用手摸一摸蒲公英的叶子，就能感觉到它们非常粗糙，要是用手搓的话，能搓出汁水来，然后叶子就蔫了，用鼻子嗅一嗅，会有一股苦苦的味道扑鼻而来，苦得让人难以想象。不过，蒲公英也是有好处的，比如可以当中药，给人治病，这就是它的好处呀。

这就是我的植物朋友蒲公英。

【点评】

这篇日记的节奏紧凑，运用了由远及近的写法，层次感很好。内容丰富，细节描写生动逼真，既写出了蒲公英的样子，又写出了它的功效。读来引人入胜，令人难以放下。

（点评人：叶燕伶）

2024年3月3日星期日　　　　　　　　　　天气：晴

我最爱的猪笼草

三（4）班　韩文茂

大家知道有一种吃肉的植物吗？它就是猪笼草，它以昆虫为食。

猪笼草生活在热带雨林，大小不一，小的一厘米多高，大的一米多高。猪笼草的叶子是绿色的，上面有黑色的条纹，叶子下长着一根藤萝，连着一个带盖的小漏斗。漏斗的颜色是红绿相间，风一吹它就翩翩起舞。

小漏斗可是猪笼草的秘密武器。它散发着香气，一旦哪只昆虫贪吃爬进里面，那可就必死无疑了。瓶口处非常滑，昆虫只要踩上去就会立马掉进"万丈深渊"，里面有黏液，是有腐蚀性并且有毒的，昆虫马上就会死去，再慢慢地被消化掉。猪笼草会吸收昆虫的营养，让自己变大。我也养过一株猪笼草，我想看它是如何捕猎的，可是一直都看不到。于是我自己抓了一只昆虫放进去，过了好几天虫子才消失。

大家如果在夏天觉得蚊虫太多，也可以养株猪笼草试一试。

【点评】

这篇日记以设问的形式作为开篇，极具吸引力。文中详细介绍了猪笼草的特点以及可以吃掉虫子的原因。本文构思新颖、选材独特，段落过渡自然，结构完整，值得一读。

（点评人：叶燕伶）

2024年3月3日星期日 　　　　　　　　　天气：晴

我更爱春天的桃花

三（4）班　韩宇泽

春天的一个中午，我和爸爸妈妈去公园。一到公园里就看到了一大片粉红色的云雾，仿佛仙境一般，我赶紧跑过去，原来那是桃花。

我想仔细看一看小桃花，我就靠近一棵树，发现有的桃花是骨朵儿，看起来饱胀得像要裂开似的。有的花开到一半，花蕊紫紫的，像一个个小喇叭。有的花瓣全展开了，薄得像纸一样，靠近花蕊的颜色深，外边颜色浅。我抬头一闻，不太香，有点苦苦的。这时，有一只蜜蜂飞过来，停在花蕊里，小蜜蜂似乎在说："你的蜜好甜哪，好开心。"

忽然，一阵风吹过，花瓣纷纷飘落下来，有的飘到了小蚂蚁的窝前，小蚂蚁捡回窝里做了床单；有的飘到河里，做了小鱼的甜点；有的飘到了我的手里，我把它夹在书里做了书签，我想让桃花书签永远陪伴我。

我喜欢春天，我更喜欢春天的桃花。

【点评】

这篇日记的各个部分都展示出了丰富的想象力，观察细致入微，善于运用比喻手法。小作者有一双善于观察的眼睛，令人眼前一亮。

（点评人：叶燕伶）

2024年3月3日星期日　　　　　　　　　天气：晴

甘　蔗

三（4）班　于芷晗

今天妈妈买了一些甘蔗。

甘蔗笔直，像一根长矛，外皮颜色是深绿色的，给人一种生机勃勃的感觉。削掉外皮后，露出里面淡黄色的果肉，晶莹剔透，让人忍不住想咬一口。

一口咬下去，甘蔗的汁水立刻在口中爆发，甜而不腻，仿佛所有的甜蜜都集中在这里，那种淡淡的甜味会在口中持久不散，让人欲罢不能。

这么甜而不腻的水果，谁不喜欢吃呢？

【点评】

日记开头简明扼要，接着描写了甘蔗的外皮、果肉和汁水，观察细致，语言活泼，结尾用反问的句式表达小作者对甘蔗的喜爱。文章语言生动新颖，结构合理，全篇充满童心童趣，读起来倍感亲切。

（点评老师：李厚壮）

2024年3月3日星期日   天气：晴

哈密瓜

三（4）班　于芷晗

今天妈妈买了一个哈密瓜。

哈密瓜是椭圆形的，身穿黄绿色的外衣，表面有许多密密麻麻、杂乱无章的纹路，像张蜘蛛网。

用刀切开，会发出"咔嚓"的声音，好像在说："小主人，我既好吃又有营养，不信你尝尝。"

忍不住吃一块，甜甜的，一直甜到了心里。

你喜欢吃哈密瓜吗？

【点评】

日记语言通俗易懂，贴近生活实际，读起来令人倍感亲切。小作者把哈密瓜表面的纹路比作蜘蛛网，形象生动，把哈密瓜被切开的声音拟人化，活泼明快，富有情趣，表达了小作者对哈密瓜的喜爱。

（点评教师：李厚壮）

2024年1月25日星期四　　　　　　　　　天气：晴

蓝　莓

三（4）班　陈梓菲

小小的肚皮紫又小，又酸又甜人人爱。你们猜到了吗？那就是蓝莓。

蓝莓像个小地雷，感觉是那又黑又大的真地雷的缩小版。蓝莓地雷要爆炸啦，在哪儿爆炸最合适？一定是我们的嘴巴里呀。爆炸了！就像爆珠糖，爆满了整个口腔。蓝莓有的酸、有的甜，吃到酸的五官紧紧挤在一起，直到下一颗吃到甜的的时候才慢慢舒展开。

每一颗蓝莓都像一个小盲盒，等待你去品尝，我喜欢蓝莓！

【点评】

在日记的开头，作者通过"小小的肚皮紫又小，又酸又甜人人爱"这样的描述，成功地勾起了读者对蓝莓的好奇心和兴趣。在描述吃蓝莓的感受时，作者更是运用了丰富的感官描写，生动地勾勒出了吃蓝莓时的有趣场景，让人忍不住想要去品尝一番。

（点评老师：洪扬）

2023年12月25日星期一 　　　　　　　　天气：晴

砂糖橘

三（4）班　于芷晗

今天妈妈买了两斤砂糖橘。

砂糖橘身穿亮丽的橘色大袍，头顶上有枝叶，像是它的保护伞，为它遮风挡雨。脱掉它的橘色大袍，里面裹着白色的橘络，像新娘的婚纱，多美啊！橘瓣被它裹得像亲兄弟一样团结在一起。

我摸了摸砂糖橘，感觉冰冰凉凉的，软软的，很光滑。

轻轻地剥开橘子皮，发出吱吱的声音，橘子汁溅得满手都是，香气四溢。一口咬下去，酸甜的汁水流泻在唇齿间，久久回甘。那味道不仅甜在我的嘴里，也甜在我的心里。

你喜欢吃砂糖橘吗？

【点评】

小作者非常善于观察，按照由外到里的顺序写出了砂糖橘的颜色、手感、气味和味道。小作者还非常善于联想，运用比喻的修辞手法，将砂糖橘的外皮比作"橘色大袍"、橘络比作"新娘的婚纱"，语言生动有趣，想象力丰富。

（点评教师：洪莹）

2024年3月3日星期日　　　　　　　天气：晴

红叶李

三（4）班　韩宇泽

通明湖畔种了许多红叶李。

夏天的时候，李子树的叶子是绿色的，边上有一圈红色，仿佛绣了一圈红色的边边。叶子下面藏着许多小李子，个头看起来和鹌鹑蛋差不多大。这时候的李子还没有成熟，翠绿翠绿的，硬硬的。要是有哪个贪吃鬼把它放进嘴里，那可就要受尽苦头喽，因为这个时候的李子又酸又涩，特别难吃。

秋天的时候，李子树叶变成紫红色了，小李子也变成紫红色了，上面还有一层白霜。摘一个捏一捏，软软的，把它掰开，紫红色的汁水一下子就流了出来，果肉也都是紫红色的，好看极了。放进嘴里尝一尝，非常甜，鲜嫩多汁，好吃极了。

我太喜欢小李子了，有一次我贪嘴吃多了，就肚子疼了。我这才知道，虽然李子很甜，但是里面有很多果酸，会刺激肠胃。所以这红叶李，再好吃也不能多吃。

【点评】

小作者通过季节对比，生动地展现了红叶李从夏到秋的变化，凸显了自然之美。细节描写细腻入微，无论是叶子的色彩还是果实的口感，都让人仿佛置身其中。同时，作者还分享了自身因贪吃而肚子疼的体验，既增加了作文的趣味性，也提醒读者品尝要适度。整篇文章语言流畅、结构紧凑，是一篇佳作。

（点评教师：李文鑫）

2023年12月27日星期三   天气：晴

猕猴桃

三（1）班 周赟

今天爸爸买了两个品种的猕猴桃，一种是修文，另一种是红阳。这两种猕猴桃我都剥开看了，我发现修文猕猴桃的外皮长满了毛，像小刺猬一样，只要你剥开就能看到那青绿色的果肉和黄黄的果心，吃起来酸酸甜甜的非常好吃。红阳猕猴桃的外皮是秃的，你如果横着切开的话就会看见像血丝一样的红色和黄黄的果肉交叉在一起；你如果竖着切就能看到黑黑的像芝麻一样的籽，圆圆的像太阳一样的果心，吃起来香甜可口，也很好吃。

我非常喜欢吃猕猴桃，因为它里面含有很多维生素，能让我们的身体更健康。

【点评】

这篇日记描写了今天爸爸购买的两种猕猴桃，生动地描述了修文猕猴桃的毛皮和酸甜口感，以及红阳猕猴桃的特色外观和香甜口感，还表达了对猕猴桃的喜爱，并强调了其富含维生素，有益于身体健康。整体而言，描写翔实，语言生动。

（点评教师：丁旭）

2024年2月12日星期一　　　　　　　　　　天气：晴

大白兔奶糖

三（4）班　韩文茂

我猜大家小时候都吃过大白兔奶糖吧，你们是不是很爱吃呢？今天我就吃了一颗奶糖。

拨开糖纸可以看见硬硬的奶糖，放进嘴里含着，奶糖会慢慢地散发出它浓浓的奶香味。不知不觉奶糖已经变成甜水悄无声息地流入了肚子里了。

大白兔奶糖有许多口味：菠萝味的、香蕉味的、水蜜桃味的、芒果味的、混合味的，当然也少不了原味的。大家猜一猜我吃的是什么味的奶糖？猜对了，是原味的。你们是不是都喜欢吃原味的呢？

这就是美味的大白兔奶糖，你们也赶快尝尝吧！

【点评】

这段文字生动形象地描绘了吃大白兔奶糖的过程和感受，让人仿佛能感受到奶糖的香甜，同时还提到了奶糖的多种口味，增加了趣味性。文章描述细致，有吸引力。

（点评教师：刘丽楠）

2023年11月4日星期六　　　　　　　　天气：晴

黄桃罐头

三（1）班　周　赟

　　今天王越来我家的时候送我了一瓶黄桃罐头。它的样子像一个个圆圆的、橘黄色的小太阳，躺在罐头里泡着泡泡浴，闻起来有一股蜜桃味直冲我的鼻子。接下来就该轮到"吃"了。我用我的小叉子叉起了一个最大最黄的黄桃放进我的嘴里，黄桃在我的舌头上滑来滑去像滑冰一样，咬一口爆汁，我的嘴里充满了蜜桃味。我一个接着一个地塞进嘴里，发现第一个是最好吃的，后面的就没第一个那样甜美。我非常喜欢吃黄桃，因为它那甜美的果肉让我无法抵抗，而且它含有丰富的维生素C，能够增强人体的免疫力，还可以美容。新鲜的黄桃不是每个季节都能吃到的，但是黄桃罐头可以，所以我更喜欢吃黄桃罐头。

【点评】

　　小作者通过认真的观察和对多种感官的描写，把黄桃罐头写得淋漓尽致，使读者忍不住想尝一尝黄桃的味道，还写出了黄桃的营养价值以及对人体的好处，最后写出了喜欢吃罐头的理由。

（点评教师：丁旭）

2024年2月5日星期一　　　　　　　　　　天气：风

一本好书

三（4）班 张 影

今天我读了一本好书，这本书的名字叫作《木偶奇遇记》。

它的作者卡洛·科洛迪是著名作家。他还创作了其他作品，如《小手杖游意大利》《小手杖地理》《快乐的故事》等作品。

本书的主要内容是有一截木头，被一双巧夺天工的手做成了一个木偶，取名叫作匹诺曹。他会说话，很聪明，但也很调皮。开始，他捉弄了他的爸爸，后来是他被命运捉弄。我最喜欢的是第13章，主要讲的是狐狸和猫告诉匹诺曹，有一块宝地可以种出钱来，到了那块宝地，匹诺曹把钱种了下去，等匹诺曹回来挖的时候已经落得一无所有。

推荐大家去看这本书。

【点评】

《木偶奇遇记》听起来像是一本充满惊喜和幽默的书籍，卡洛·科洛迪是一位著名作家，他的其他作品也备受喜爱。故事中的木偶匹诺曹似乎是个活泼调皮的角色，而第13章的情节听起来很有趣，揭示了匹诺曹的一次冒险和教训。感谢小作者的推荐，我会考虑阅读这本书！

（点评教师：丁旭）

2023年12月15日星期五   天气：晴

自制糖葫芦

三（4）班 王一然

今天晚上，我和妈妈、妹妹一起在家自制了糖葫芦。

第一步：把各种各样的水果串到一个签子上，把所有的水果都串好放在一边备用。第二步：拿出白糖，加入少量清水，放到微波炉里加热。

在加热时发生了一件事，妈妈第一次把糖从微波炉中拿出来时，发现没有烤好，于是又放了一次，再次拿出来时还是没有烤好。第三次放进微波炉再拿出来时，却发现糖烤煳了，杯子也坏了，还好没有发生爆炸。于是，妈妈重新拿了碗加糖放到微波炉里烤糖。

第三步：把糖从微波炉中拿出来，给串好的水果裹一层糖，等它凝固。

第四步：开吃！

虽然过程有些波折，但最终吃到了酸甜可口的糖葫芦，我心里美滋滋的。

【点评】

这篇日记生动地描述了小作者与家人一起制作糖葫芦的过程，语言朴实自然，情感真挚。通过描述制作糖葫芦的波折，展现了家庭活动的乐趣和团结合作的精神。文章结构清晰，按照制作糖葫芦的步骤逐一展开，让读者能够清晰地了解整个制作过程。

建议：在描述妈妈多次加热白糖的过程时，可以更加详细地描述每次尝试的情境和结果，以及妈妈的心情变化，这样可以使文章更加生动有趣。例如，可以描述妈妈第一次拿出糖时的失望，第二次尝试时的期待，以及第三次糖烤煳时的惊讶和惋惜。还可以描述水果的颜色、形状和香味，以及糖葫芦裹上糖后的光泽和口感，让整篇文章更加饱满、生动。

（点评老师：任群）

2024年1月23日星期二   天气：风

做沙包

三（4）班 张 影

今天妈妈说要教会我做沙包。

做沙包的材料有：彩布、针、剪刀、豆子、尺子等材料。

第一步，想好自己要多大的沙包。根据沙包的大小，用尺子在彩布上画出六个正方形，注意正方形的边长要一样。

第二步，用剪刀从彩布上剪下六个正方形，注意剪的时候要剪直，不要剪到手。

第三步，用针线把正方形彩布缝起来就可以了，但这一步要小心一点，要不然会扎到手。

第四步，装豆子。豆子我用的是黄豆，最后缝一个口就完成了。

下次我缝时要细心一点。

【点评】

学习做沙包听起来很有趣！小作者详细描述了做沙包的步骤和所需材料，很清晰易懂。尤其强调了在剪和缝制过程中要小心不要剪到手或扎到手，这是很重要的安全提示。下次做的时候确实可以更加细心，这样就能做出更完美的沙包了！加油！

（点评教师：丁旭）

2023年10月12日 星期四 天气：多云

自己煎鸡蛋

三（4）班 张贺芃

今天早上我比往常起得早，因为我要自己煎鸡蛋。

我先打开冰箱，从冰箱拿出鸡蛋。

然后我来到厨房，找了一个碗，把鸡蛋磕开一条缝，有些蛋液就流了出来，像是鸡蛋的眼泪。我又把鸡蛋轻轻一掰，一个大蛋黄流了出来，旁边还有蛋液。

接着我把油倒进锅里面，等油变热后把鸡蛋倒进锅里，蛋液没一会儿就变成了蛋白，像魔术一样。虽然变成了蛋白，可还没有熟！我又小心翼翼地把鸡蛋翻了一个面，大蛋黄也变成了蛋液，不过是橙色的。我又把鸡蛋翻面让它两面受热均匀，快熟的时候我又放了一点盐，油煎了一会儿鸡蛋就好了。

我觉得煎鸡蛋看着难，自己做的时候没有那么难。

【点评】

小作者运用了许多生动的比喻和形象的描述，如"鸡蛋的眼泪"和"两面受热均匀"，使整个煎鸡蛋的过程仿佛就发生在眼前，具有很强的画面感。文章最后提到"煎鸡蛋看着难，自己做的时候没有那么难"，这种真实的内心感受使日记更加贴近生活，也体现了小作者的成长和进步。

（点评老师：洪扬）

2023年10月25日星期三 天气：晴

有趣的手工

三（1）班 周赟

今天下午上完课以后，韩老师说一会儿会有老师来讲"非遗"。我一听心里很是兴奋！果然没一会儿就有一位男老师来了，我发现他手里拿着一个很大的黑包，他的眼睛很大，耳朵也很大，一副很潇洒的样子。

很快就上课了。男老师给我们每人发了一根长棍子和一个材料包。首先老师给我们讲了关于燕子的故事，让我印象最深刻的是，小燕子每年过冬的时候都会从中国的北部飞到非洲的东部，我觉得小燕子很厉害。大约30分钟后，老师便开始教我们做手工了。首先是把翅膀和身体用订书钉钉起来，然后把那根小木棍插进去，最后上结固定在竿子上，一只可以飞的小燕子就做好了！提着把手它就能在天空中自由地飞来飞去，可爱极了！

我很喜欢这堂有趣的手工课。

【点评】

小作者生动地描绘了上"非遗"课的情景，通过详细的描述，让读者感受到他的兴奋和对课程的热切期待。对于那位男老师的外貌描写，以及他讲述小燕子的迁徙故事，为整个场景增添了色彩和趣味。通过亲手制作小燕子手工，小作者成功地传达了这堂有趣的手工课给自己带来的愉悦感和满足感。保持对学习的热情，继续探索有趣的"非遗"传统吧！

（点评教师：丁旭）

2023年10月15日星期日　　　　　　　　　　天气：晴

洗　碗

三（4）班　梁李佳

今天中午吃完饭，我要洗碗。

妈妈说："你能行吗？"我说："让我试试吧。"

我先把全部的碗收拾起来，再放进水池。妈妈说洗涤灵和温水能去油污。我急忙拿来洗涤灵，往百洁布上滴了一些，打开水龙头，调到温水的位置。我左手拿碗，右手拿百洁布，先擦碗里面，再擦外面。妈妈说："碗盘的沿也要擦干净。"

我觉得洗碗很容易，就回答："小事小事，让我自己来。"

我仔细地拿百洁布把碗擦了一遍，怕不干净，又擦了一遍，觉得干净了，正要把它放好，手一滑，扑通一声，碗掉进了水池里。

我心里一惊，把碗拿起来一看，幸好没有摔坏。这下我要小心了，接着洗第二个碗、第三个碗……直到把碗盘全部洗完才松口气。

妈妈在旁边笑着说："这是第一遍，第二遍还要把泡沫冲干净才行。"

我想平时这些活儿看起来都很简单，自己做起来却不是那么回事儿，看来以后要自己多多实践才好呀！

【点评】

本文中小作者的动作描写细腻入微，从收拾碗盘到仔细擦洗，每个动作都跃然纸上。同时，心理描写也丰富生动，展现了小作者从自信尝试到小心谨慎，再到深刻反思的心理变化。小作者从实践中领悟到，即使是日常小事也需认真对待，体现了积极向上的生活态度。整篇日记充满正能量，读来令人欣慰。

（点评教师：李文鑫）

2023年12月27日星期三　　　　　　　　　天气：晴

编中国结

三（4）班　于奕凡

今天放学后，同学们的目光都在教室的前门，因为有一位老师要来到我们学校教我们编绳。

老师给我们每个人发了一个袋子，袋子里有两对绳子，绳子上面有几个扣子。老师让我们把上面的扣子取下来，然后开始教我们做绳结。

刚开始我都编失败了，但是最后几个我编成功啦！我太高兴了！

通过今天的事情，我知道了"失败是成功之母"，所以做任何事情千万不要泄气！只要坚持就会有意外的收获。

【点评】

这篇日记记录了小作者学习编绳的经过和感悟，内容简洁明了，表达清晰。从语文辅导老师的角度来看，小作者较好地使用了叙述和描写的手法，将编绳的过程和心情变化描绘得较为生动。特别是在结尾部分，通过这次经历得出感悟，语言简练且富有哲理，体现了小作者对生活的积极思考。

建议：在描述自己的心情时，可以尝试使用更丰富的词语，使表达更具感染力。

（点评老师：任群）

2024年2月13日星期二 　　　　　　　　　　　天气：晴

C反应蛋白

三（4）班　韩宇泽

今天我去医院复查的时候，发现我的化验单上有一个"C反应蛋白"的项目。我不知道是什么，便问妈妈。妈妈说："如果C反应蛋白高的话，就说明身体里有病菌，需要打抗生素。"

我第一次测的结果是20，第二次测变成了14.7。妈妈说这是一个向下降的趋势。我非常高兴，因为我好了就可以出去玩了。到了今天，我测出来是1.4，现在C反应蛋白指数终于降下来了，这样我身体里就没有病菌了。

我又问："妈妈，为什么C反应蛋白高了就证明身体里有病菌呢？"妈妈说："C反应蛋白可以促使吞噬细胞去吞噬病菌。"我接着说："所以医生通过看这个指数来判断我们身体里还有没有病菌，从而判断我们的病况？"然后，妈妈冲我竖起了大拇指。

知识无处不在，今天我知道了C反应蛋白的作用。

【点评】

这篇日记记录了小作者去医院复查的经历，以及对C反应蛋白的认识。内容清晰易懂，语言简洁明了。通过询问妈妈，小作者不仅了解了自己的身体状况，还学到了新的知识，展现了对知识的好奇心和探索精神。最后的总结突出了"知识无处不在"的观点。

（点评教师：刘丽楠）

2024年2月22日星期四　　　　　　　　　　天气：晴

废物利用

三（4）班　张一依

今天我无聊地坐在沙发上不知道干什么，突然，我发现了桌子上的饼干盒子，盒子后面是一个日历。我灵机一动："可以把它做成一个小日历呀，正好下学期开学就要学了，如果做成了可以自己看还可以带到学校学习，真是一举两得！"

说干就干，我首先拿出剪刀从盒子连接处剪开，然后把每个纸片依次剪下来，接着用透明胶布粘起来就做好了，虽然不是很美观，但很实用。

有了这本日历，我知道了一年有12个月，还知道了许多节日，比如：元旦、春节、母亲节、父亲节、教师节、国庆节……通过这本小日历我还知道了2024年是闰年，有366天，一年当中有7个大月、4个小月，闰年的2月份是29天，平年的2月份是28天，所以平年是365天。

这就是我的废物利用，我真是开心极了！

【点评】

本文展现了小作者的创造力和动手能力，将一个废弃的饼干盒子变成了一个小日历，既有实际用途，又能学到知识。文章结构清晰、语言流畅，先描述了发现饼干盒子的过程，然后介绍了制作日历的过程，最后总结了自己的收获。如果在描写制作步骤时进一步细化就更好了。

（点评教师：魏笑天）

2024年3月3日星期日   天气：晴

给同学讲题

三（4）班 韩宇泽

今天发生了一件事，事情是这样的：

妈妈要我给一个同学录一道题，那是一张数学小卷上的思考题。我问妈妈："为什么我还要再录一遍呢？我不是已经写完了吗？"我拗不过妈妈，只好再录了一遍。

我录完了之后，妈妈问我："你有什么感受吗？"我说："我感觉我比之前做得更熟了。"妈妈说："对了，你多做几遍就可以更熟。"

【点评】

本文对话生动、感悟深刻。小作者通过简洁的对话，展现了与妈妈的互动过程，让文章充满生活气息。同时，小作者从录题中体会到多做几遍的重要性，感悟到学习的深度和方法，展现了良好的学习态度和思考能力。

（点评教师：李文鑫）

2023年11月7日星期二　　　　　　　　　天气：阴

画 画

三（1）班 苏洛图

中午，我看见我妈妈在画油画，心里想家里还剩一些石英砂，刚好够做一个肌理画。我问妈妈："我可以画肌理画吗？"妈妈说："当然可以了。"然后我就画了起来。

首先我拿出了一个画板，拿出所剩无几的石英砂和一箱子丙烯颜料。听妈妈说，画之前需要拿铅笔构图，分清楚哪部分是海水、哪部分是海岸。然后是调颜色。海水的颜色是湖蓝加上大量的银白，再加上一小些石英砂，就可以涂抹了。用土黄加上深褐再加上少量白，就能调出沙滩的颜色，加上石英砂就可以平铺了。最后，再拿出小刻刀，挖一点点白色放在海水和沙滩的交界处，画出海浪的肌理。画着画着，我的肚子就咕咕叫了起来。刚好妈妈来叫我吃饭了，吃饭的时候我吃得飞快，连饭是甜的还是咸的都没尝出来，我心里一直在想：我的肌理画到底是什么样子呢？是好看还是不好看，还是说凑合呢？等我大功告成，叫妈妈来欣赏我的作品，看到我的作品，妈妈赞不绝口。

今天我画完了我想画的肌理画，还得到妈妈的称赞，真的是太高兴了！

【点评】

小作者的故事充满了家庭的温馨和创作的喜悦。通过细致的描写，小作者成功地传达了画肌理画的过程和内心的期待。妈妈的赞美无疑是对小作者努力的肯定，这样的时刻确实让人感到愉悦和满足。继续享受创作的乐趣吧！

（点评教师：丁旭）

2023年12月22日星期五　　　　　　　　　天气：晴

金　奖

三（4）班　王一然

今天上午在学校里，优秀作业评选结果出来了。

我们班的同学都把心提到了嗓子眼儿。

一个个获奖证书开始下发。先是获得铜奖作业的同学，也就是一科作业获奖的，名单中没有我；然后是获得银奖的同学，也就是两科作业获奖的同学，银奖作业也没有我；最后是获得金奖的同学，就是三科作业获奖的同学。终于，我听到了一个名字"王一然"！我高兴得差点从椅子上跳起来。

下学期，我一定再接再厉！

【点评】

这篇日记简洁明了地记录了获得金奖作业的过程，清晰地表达了小作者的喜悦之情，同时，小作者还表明了下学期再接再厉的决心，积极向上。如果能描述一下自己的心情和感受，或者分享一下获得金奖的经验，会让日记内容更加丰富。

（点评教师：刘丽楠）

2023年12月25日星期一   天气：晴

甜甜的糖

三（4）班 王一然

今天是圣诞节，又逢周一，在这个特殊的日子里，我们开启了新的一周。

第一节课是语文课，周老师早早地来到了教室，手里拿着一个绿色的大盒子。同学们都很好奇地围了上去。当老师打开盒子的一刹那，大家惊喜地叫出了声，原来是周老师给我们准备了圣诞礼物。

礼物是每人一块巧克力糖，周老师说这个糖是一年只出一次的圣诞款。周老师发给每人一块糖，同学们都非常开心，有的迫不及待地吃到嘴里，有的还舍不得打开，就比如我，我心想："周老师对我们真好！这种一年只出一次的糖都买给我们吃。"我想把它收起来留作纪念，可是周老师说："大家都把糖吃掉吧，感受甜甜的味道，感受生活的美好！"于是，我把糖塞进嘴里，巧克力的香甜直接甜到了心里。

这也让我想起和周老师在一起的点点滴滴：课间，周老师陪我们聊天、游戏；春回大地时，周老师带我们在校园里感受春天；冬天第一场雪，周老师带我们在雪地里打雪仗、堆雪人。

周老师总是带给我们不一样的惊喜，带给我们不一样的快乐！

【点评】

小作者是个懂感恩、爱观察的孩子。通过生动的描写，小作者记叙了周老师对同学们的关爱。那圣诞款的巧克力、那浓浓的香甜沁人心田，给同学们带来了极大的快乐。结尾处通过回忆和周老师在一起的快乐时光，更把这位可亲可敬的老师形象地呈现在读者面前，让读者仿佛置身于故事之中。

（点评教师：喜志林）

2024年2月2日星期五　　　　　　　　　　　天气：风

乌龟纪录片

三（4）班　张　影

今天我观察了我家养的乌龟，乌龟的外表长这样：乌龟的身体和龟壳都有绿白两种颜色，乌龟的脖子两侧各有一块鲜艳的红色，我家的乌龟大概跟一盒方便墨一样大。

乌龟的习性、性格是这样的：每天慢吞吞、懒洋洋，行动缓慢，胆小怕人，爱吃的食物是虾米饲料。

于是今天我准备给乌龟拍一个纪录片，我先是把乌龟放在一个陌生的环境，然后放上虾米，最后放上相机就可以了。

过了一会儿，我从相机里看见乌龟一直想逃出来，它踩着石头两手撑墙，脖子使劲往外伸的样子可好玩了。

下回我还要记录乌龟！

【点评】

小作者对家里养的乌龟进行观察和记录的方式很有趣！描述了乌龟的外表和性格特点，还计划拍摄纪录片来展现它的行为。乌龟的慢吞吞、胆小怕人的性格和爱吃虾米饲料的喜好很有趣。乌龟试图逃出陌生环境的情景被描述得生动有趣，让人忍俊不禁。期待看到小作者未来更多关于乌龟的记录！

（点评教师：丁旭）

2024年2月12日星期一 天气：晴

蒜蓉大虾

三（4）班 于芷晗

今天妈妈做了很多好吃的美味佳肴，其中我最喜欢吃蒜蓉大虾。

靠近一闻，一股浓郁的蒜香扑鼻而来。深呼吸，仿佛可以嗅到蒜蓉与虾完美融合的独特香气，带有一丝海洋的清新和天然的鲜味。

用筷子轻轻夹起一只大虾，虾壳在灯光下闪着诱人的光泽。虾肉呈现出鲜嫩的白色，像是清晨的云朵，饱满且富有弹性。当你将虾放入口中，首先感觉到的是虾肉的细腻与滑嫩，仿佛在舌尖上跳舞。随后，蒜蓉的香味如潮水般涌出，与虾肉的鲜美相互呼应，在咀嚼中不断四溢，令人回味。

蒜蓉大虾可真好吃呀！

【点评】

小作者从多个角度写出了蒜蓉大虾的美味，色、香、味俱全，读来令人垂涎。

（点评教师：洪莹）

2024年2月15日星期四　　　　　　　　　　天气：风

石景山庙会

三（4）班　张　影

今天我和爸爸妈妈一起去了石景山庙会，那里人山人海的。刚入大门，还可以看见一个大彩灯。

然后我和爸爸一起玩了疯狂老鼠的项目，我们坐上小车，等小车停在坡最顶端时，小车唰地一下滑了下去，我觉得很刺激。

然后我们去坐了摩天轮，我们排了两个小时队才坐上摩天轮，到最高处可以看见下面闪烁的彩灯。

今天我很开心！

【点评】

小作者今天在石景山庙会度过了充满刺激和乐趣的一天！从入口处看到的那座大彩灯，一定很壮观。玩疯狂老鼠项目听起来非常刺激，尤其是坐在小车上从坡顶滑下来的那一刻，肯定让小作者兴奋不已！排队两个小时去坐摩天轮也值得，站在最高处俯瞰下面闪烁的彩灯，一定是个美妙的体验。看来小作者度过了难忘的一天，真是太棒了！

（点评教师：丁旭）

2024年3月10日星期日　　　　　　天气：多云转晴

去图书馆

三（4）班　张漠龄

上次我来城市图书馆时，里面的儿童馆还没有正式开放。今天我又来到图书馆，儿童馆已经开放了，所以一到图书馆，我就直奔儿童馆。

儿童馆里有很多种类的书，也有很多的小朋友，我挑了几本书，就津津有味地看了起来。

我看的第一本是描写四季的书，它让我了解了一些没有学过的古诗。

第二本书是关于海獭的，书中讲了海獭的生活习性和海獭与饲养员之间一些有趣的故事。

第三本书是关于安全隐患的，它告诉了我们一些安全知识和遇到危险后要怎么处理。

每一本书都十分精彩，下次我还要到这里看书。

【点评】

都说阅读是一切美好的开端，小作者开了个好头，不但阅读，而且阅读的种类繁多，还很有收获。相信小作者的文笔会随着阅读的不断增加而节节攀升的，加油！

（点评教师：喜志林）

2024年1月14日星期日   天气：晴

乐园之游

三（4）班　韩文茂

我和妈妈一起去了亲子乐园。乐园里有很多娱乐项目：人工发力的小火车，水上飞桥，还有翻山越岭、刺激惊险的闯关游戏。我印象最深刻的是萌宠乐园，里面有各种各样的动物。

一进门我就看到了山羊，还有我从来没见过的黑山羊。它在黑黑的洞里，所以看不见它的身体，但是能看见它那双黄色的眼睛，特别亮。我还看到胖胖的、小小的、萌萌的豚鼠，一蹦一跳的，非常可爱。还有走起路来非常优雅的孔雀。

凶猛的动物有藏獒、狼青，还有一只爱吃肉的、真正的狼。藏獒体积庞大，长得跟狮子一样，全身长满毛，特别凶狠。我走过去的时候，它猛一下子就扑过来了，汪汪大叫，吓得我连忙往后退了好几步。还好隔着一层铁网，要不然的话，我的小命可能就不保了。狼的警惕性特别强，它在笼子里走来走去，好像在侦察敌情。

最后我就来到了小兔子们的家，我看有卖食物的，于是我也买了一盒白菜和胡萝卜来喂它们。我先去左边笼子喂大兔子。其中我最喜欢的是一只棕色的兔子，它全身毛茸茸的，鼻孔、嘴巴都被毛盖住了，特别可爱。它傻傻的，每次我喂它都抢不到食物，总是被旁边的白色兔子给抢走。趁着白兔子不注意，我就抓准时机往棕兔的嘴里塞胡萝卜，它终于吃到了，我真为它高兴！我又去右边的笼子喂小兔子，可是它们都抢不过一只大白兔子。我喂的一根胡萝卜又被大兔子抢走了，它咬着不放，我和它在那儿"拔河"，费了九牛二虎的力气都没把胡萝卜从它嘴里拔出来。我心想，别再把大兔子牙给拔掉了，它力气可真大呀！

快乐的时光总是短暂的，不一会儿，我就玩完了所有的项目。到中午吃饭的时间，我恋恋不舍地回家了。

【点评】

　　这篇日记生动有趣地描述了小作者在亲子乐园的游玩经历，尤其对萌宠乐园的动物描写细致入微，如"全身毛茸茸的""傻傻的"等，让动物形象跃然纸上。同时，文章还描绘了小作者与动物的互动，充满了童趣。不过，文字表达可以更简洁，如"我还看到胖胖的、小小的、萌萌的豚鼠"可改为"我还看到胖胖萌萌的豚鼠"。

（点评教师：刘丽楠）

2024年3月9日星期六　　　　　　　　　　天气：风

快乐的下午

三（4）班　张一依

今天下午我上完尤克里里课，妈妈告诉我说：好久没跟我一起玩的小伙伴一会儿要来找我玩。

"太好了！"我赶紧跑回家放下书包就下楼了，没走几步就看见了一个熟悉的身影，我兴奋地跑过去。我们开心地玩了起来。没多久另外两个小伙伴也来找我们玩了，这下我们玩得更热闹了。

我们在宽阔的草地上，像一只只小燕子斜飞于旷亮无比的天空中，欢快地玩耍着……

【点评】

小作者记叙了在一个下午和小伙伴一起玩耍的快乐。知道小伙伴要来找"我"玩，"我"就赶紧跑回家放下书包下楼，一个"赶紧跑"的动作表现出小作者急切盼望小伙伴的心情。把"我们"比喻成"一只只小燕子"突出了"我们"快乐、开心的心情。

建议：如果写清怎么玩的，玩了什么，每个人的神态、语言、动作等都详细地写一写，更能让读者感受到你们开心、愉悦的心情，感受到这个下午你们是快乐无比的。

（点评教师：付洪霞）

2023年1月18日 星期三 　　　　　　　　天气：晴

练习毛笔字

三（4）班　于奕凡

今天我写完作业后，拿起毛笔，往砚里倒了一点黑色的墨汁，用毛笔蘸了点墨汁，又拿了一张宣纸铺平，开始写了起来。

我打算写一个"福"字。于是我在嘴里念叨着："第一笔，第二笔……最后一笔，完成！"我写完后，拿给妈妈看，妈妈觉得很好看，于是给了我两张红纸，并且叮嘱道："凡凡要一笔一画规范地写。"说完妈妈去厨房刷起碗来，我也跑进房间开始写了起来。

半个小时后，一张黑色的和一张金色的"福"被我写了出来，然后，我又用两张长方形纸，分别用金墨汁和黑墨汁写了"大吉"两个字，也写得非常好看。

最后，妈妈同意把我写的这些字带回老家送给姑姑。

【点评】

这篇日记简洁流畅地描述了小作者写毛笔字的经历，从准备到完成作品，过程连贯，动作和心理描写生动；语言平实，贴近学生口吻，细节处理得当，展现了真实的生活场景；结尾圆满，凸显了作品的意义。若能在语言丰富性和细节描写上稍加提升，将更加出色。

（点评教师：任群）

2023年12月25日星期一　　　　　　　　　　　天气：雾

神秘的礼物

三（4）班　张一依

12月25日的圣诞节是我每年最期待的一个节日，因为我每年都能收到圣诞老爷爷送我的礼物，每年都是不一样的礼物，今年也不例外。

从昨天早上我就非常期待，今年圣诞老爷爷会给我什么礼物呢？是好吃的棒棒糖？好看的玩具？还是甜甜的巧克力？希望晚上早点到来！我等啊，等啊……终于天色慢慢变深，越来越深。"到了到了！到了我收礼物的时间了！"我迅速拿上我的小书包和一些糖果冲出门外，把书包和糖果放在凳子上，就等着圣诞老爷爷把礼物放进我的书包了。

我一等就是两个小时，其间我激动得不得了，心都提到嗓子眼了，只听铛的一声，哇！圣诞老爷爷给我送礼物来了，我赶忙跑出门外，发现我给圣诞老爷爷准备的糖果被拿走了，我拿起书包回到屋里，迫不及待地打开，哇！哇！哇！里面竟然有三个礼物。第一个是甜甜的巧克力，第二个还是巧克力，但它们是可以玩抽抽乐的巧克力，第三个礼物是一个小夜灯里面站着圣诞老爷爷，可爱极了！我太喜欢这三个礼物了。

【点评】

这是一篇充满童真和想象力的日记，小作者通过描述对圣诞节收到礼物的期待和惊喜，展现了孩子对节日的喜爱和对礼物的向往，情感真挚，给人留下了美好的印象。

（点评教师：魏笑天）

2023年11月8日星期三　　　　　　　天气：阴

我眼中的缤纷世界

三（1）班　周　赟

每个人眼中的缤纷世界都不一样，有的可能是美丽的风景，有的可能是平常的生活。可是作为一名小吃货，我眼中的缤纷世界当然就是一个字——吃！

今天从天坛回来的路上，我看见一位老奶奶推着一辆小推车，推车上放着各种各样的冰糖葫芦。我立刻被那诱人的香味牵了过去。我看了看，哇，品种好多呀！有山楂的，有草莓的，还有葡萄的。我选了个山楂口味的，圆圆的、红红的，像一串小灯笼一样，糖霜上还粘了白白的小芝麻。仅是闻一闻，我的口水就不停地流出来，这便让我想起了李白诗中的一句话"飞流直下三千尺"。摸一摸，黏糊糊的，还带拉丝。吃一口，甜津津、酸溜溜的，让我回味无穷。我站在路边一口一颗吃着那美味的冰糖葫芦，心里想，世界上的美食还有很多，我可不能停止追求美食的脚步，否则这就不是我眼中的缤纷世界了。

【点评】

小作者通过生动的描写展现了"小吃货"眼中的缤纷世界，以及他对美食的热爱和追求。本文描述冰糖葫芦的形状、香味、口感，使读者仿佛也能感受到那令人垂涎欲滴的冰糖葫芦，将这一瞬间与诗句相联想，更为文章添上一份文学的意味。最后的思考展示了小作者对不同美食的好奇心和渴望尝试的决心。继续享受发现美食的乐趣吧！

（点评教师：丁旭）

2023年12月10日星期日 天气：晴

美味的炸酱面

三（4）班 韩宇泽

今天，我推开门就闻到了炸酱的香味。我想，姥姥一定又给我做炸酱面了。我快速跑到厨房，果不其然，姥姥正在炸酱。我立刻就去洗手，坐到了餐桌旁。

不一会儿，姥姥端上来一碗热腾腾的面条，我快速加上一勺炸酱拌了拌，瞬间，白嫩的面条便穿上了一身棕红色的外衣。我又迫不及待地挑起面条放进嘴里，面条Q弹无比。再嚼一嚼，酱香味瞬间布满了我整个口腔和鼻腔，非常美味。

下一次有机会我一定要找姥姥学习这美味的炸酱面的做法，这样我也可以给他们做着吃了。

【点评】

这篇日记让人感受到了炸酱面的美味，从闻到香味到品尝，小作者生动地描绘了自己对炸酱面的喜爱，最后还表达了学习制作炸酱面的愿望，展现了对家人的关心。如果能多描述一些炸酱面的细节，或者分享一些和姥姥的互动，会让日记更加丰富有趣。

（点评教师：刘丽楠）

2024年3月3日星期日　　　　　　　　　　天气：晴

特别的生日

三（4）班　张漠龄

在自由活动课上，老师让同学们说一说自己过生日时难忘的情景，同学们热火朝天地讨论起来。

小红兴奋地说："我上个星期过了九岁生日，妈妈给我买了一个很大的生日蛋糕，特别好看！"小力说："我也刚过了九岁生日，生日那天是我们全家人一起陪我过的，非常温馨。"只有站在一边的李晓明一直默不作声，他看大家说得这么开心，就悄悄地坐回了自己的座位，伤心地望着窗边想：我也快过生日了，但我的爸爸妈妈都在外地工作，没时间赶回来陪我。李晓明失落的心情被细心的小力发现了，他和小红说："李晓明快要过生日了，他的爸爸妈妈没时间回来陪他，咱们和同学们一起给他准备一个特别的生日惊喜吧！"

李晓明生日的那一天终于到了，同学们早早地就到了学校，开始精心地准备。有的在吹气球，有的在黑板上写祝福语，有的在做贺卡，还有的拿来了一个水果蛋糕……一切都准备好后，又过了一会儿，李晓明就来了。当他走进教室，同学们就为他唱起了《生日快乐歌》。李晓明的表情也从惊讶变成了惊喜，小力把蛋糕拿了出来，笑容满面地说："生日快乐！"李晓明感动极了，眼含热泪地向每一位同学道谢。

虽然这个生日爸爸妈妈没有陪伴李晓明，但有同学们送给李晓明的大惊喜，这对于李晓明来说真是个特别的生日！

【点评】

小作者运用了生动的细节描写和人物心理刻画，使故事更加真实感人。比如，作者通过"悄悄地坐回了自己的座位""伤心地望着窗边"等细节描写，生动地展现了李晓明内心的孤独和失落。此外，小作者还巧妙地运用了对话和内心独白等手法，使人物形象更加鲜明、故事情节更加流畅。

（点评老师：洪扬）

2023年12月29日星期五   天气：阴

难忘的一天

三（4）班　张一依

　　每年的生日我都会收到爸爸妈妈为我精心准备的礼物。这不，一大早我就看到爸爸妈妈为我准备的生日礼物——紫色冲浪板，我开心极了。我迅速吃完早饭赶去学校，因为今天还有更重要的事。

　　我风风火火地赶到学校，推开教室的门看到很多同学已经早早地来到教室，脸上都洋溢着欢乐的表情。在我们热情的期待中，元旦联欢会开始了，同学们都拿出了看家本领，有的表演乐器，有的表演舞蹈，还有的表演了魔术……同学们的表演精彩极了。不知不觉主持人宣布联欢会到此结束了，突然另外一个主持人说："今天咱们班有一位同学过生日，那就是张一依同学，咱们一起为她唱首生日歌吧！""祝你生日快乐，祝你生日快乐……"我整个人都蒙了，不敢相信这是真的，现在刚想起来都没来得及和同学们说声"谢谢"。

　　这是我过得最开心、最幸福的一次生日，也是最难忘的一次生日！

【点评】

　　文章情感真挚，表达了小作者对生日的喜悦和对同学们的感激之情。用词丰富生动，条理清晰。可以加入更多细节来描述生日的场景和同学们的表演，让日记更加生动有趣。

（点评教师：魏笑天）

2024年3月6日星期三　　　　　　　　　　天气：晴

昆虫店

三（4）班　韩文茂

今天我去了一家昆虫店，里面有许多稀奇古怪的虫子。

有的是像树叶一样的螳螂，有着一对锋利无比的"大刀"；有的是像魔法棒一样可以变出许多颜色的变色龙，它有着长长的舌头；还有的是一节节的、好像竹子似的竹节虫。

这些昆虫都很有趣。

【点评】

这篇日记非常短小精悍，却也突出了重点，用"有的……有的……还有的……"的句式表现了虫子的多而稀奇古怪的特点，并且用了比喻句，使读者容易想象出虫子的样子。

（点评人：叶燕伶）

2023年12月16日星期六   天气：阴

龙的小制作

三（4）班 于奕凡

今天我们美术课有一个实践活动，实践活动地点是中华世纪坛。听说那里有龙的历史文化展览，我很期待，就连坐校车时也在猜想它的样子。

坐了大约一个小时的车，我们终于到了中华世纪坛。

走进世纪坛，我看到两条放着彩光的巨龙盘踞在屋顶。这时一位叔叔走了过来，给我们讲述了龙的故事。叔叔讲的故事可谓是一波三折、变化多端，听后让我意犹未尽呢！然后，我们来到了"木雕龙"艺术区。这里有各种不同的木雕龙，最精致也最美观的就要数"双龙戏珠"了。"双龙戏珠"顾名思义就是两条巨龙正在戏玩一个珠子，整幅作品无比精美，太好看啦！

接着，我们来到了"刺绣龙"艺术区。"刺绣龙"就是在袍子上绣一些龙，其中最气派的是一件上面有五条彩龙、全身金黄色的龙袍，而且这件龙袍高三米、宽一米六呢！它被挂在墙上供人们欣赏，更显得气势磅礴了，这件龙袍可真是太漂亮啦！

过了一会儿，我们来到了"印刷龙"艺术区，我先用黑色和橙色的墨汁刷在两个印刷器上，再把红色和白色的宣纸放在上面，然后用滚轮在上面滚啊滚，最后把两张纸揭下来，一幅童子龙和一幅招财龙两幅画就完成了，可真喜庆啊！"印刷龙"做完后，我又开始做"皮影龙"。我先用紫红色涂皮影龙的背脊，用黄色给皮影龙的头和爪子上一半色，把龙身全涂上，用橙色画出皮影龙的鳞片和爪子、龙头的过渡。接着用红色和白色涂龙口，用绿色和蓝色涂龙肚和龙角，用黑色和白色涂龙须和龙眼，用橙色和黄色画出背景的波浪，最后用红色画出背景的装饰，"皮影龙"就画完啦！这条龙被我画得栩栩如生，真是太美了，把背景和皮影龙放进裱框里，更显得珍贵了。

　　今天的实践活动太有意义了，我不仅参观了关于龙的展览，动手制作了关于龙的作品，还懂得了"我们都是龙的传人"。

【点评】

　　小作者以流畅的语言详细记录了参观中华世纪坛的经过，特别是对龙的历史文化的描述，充满了期待和好奇。对"双龙戏珠"和金黄色龙袍的描绘，既展现了作品的美观与气势，又体现了小作者对传统文化的敬畏与喜爱。描述参与"印刷龙"和"皮影龙"的制作过程时，步骤清晰，用词准确，将制作过程展现得活灵活现，使读者仿佛身临其境。特别是对"皮影龙"上色过程的描述细致入微，体现了小作者认真细致的绘画态度。最后，小作者通过实践活动理解了"我们都是龙的传人"这一深刻寓意，展现了对传统文化的认同与自豪。

（点评老师：任群）

2023年12月27日星期三   天气：晴

非遗进校园（一）

三（4）班   梁李佳

非遗文化是什么呢？顾名思义就是非物质文化遗产，上个月我们学校就举办了"非遗文化进校园"的活动，接下来就让我给大家讲一讲吧。

那天有一位戴着眼镜、满头银发的老奶奶来给我们讲课，她一看就是很有知识、很有文化的人。然后老师给我们每个人发了两条好看的编织绳，我想：这两条编织绳是要做什么呢？难道……

老师紧接着拿出一串编织手串教我们编。我起初看老师编得非常快，心想：这么简单，不是小儿科吗？可绳子到了自己手里，完全不听我使唤了。老师看到后走到我身边，耐心地给我讲解并演示了一下，只见她先拿起其中一根绳子，把它固定在食指尖上，再用另一根绳子绕一圈儿在拇指上，接着用绕食指的绳子穿到拇指的圈儿里，最后一拉成一个扣，我仔细认真地学、编呀、编呀……一个小时过去了，我才编完一根，而老奶奶几分钟就编好了。她说自己已经编了30年了，难怪这么厉害呢。

这次非遗进校园活动很有趣，让我们学了很多之前未曾接触过的知识，希望以后还有更多类似的活动，让我们小学生也能更多地认识、了解非遗文化。

【点评】

这篇日记记录了"非遗文化进校园"的活动，内容丰富，生动有趣。小作者详细描述了自己学习编织的过程，从最初的轻视到后来的困难，以及最终的收获，让人感受到了非遗文化的魅力。最后的总结也表达了对这类活动的期待，展示了积极的学习态度。如果能在日记中加入更多自己对非遗文化的理解和感受，会让内容更加丰富和深入。

（点评教师：刘丽楠）

2023年12月27日 星期三　　　　　　天气：晴

非遗进校园（二）

三（4）班　张一依

今天我们班参加了非遗进校园的活动，是一位老奶奶给我们上的课，这位老奶奶白发苍苍，还戴着一副眼镜，一看就很有文化。然后老师给我们一人发了两条好看的绳子，我心想："这两根绳子用来干什么呢？难道要做……"

当老师拿出来展示的时候，我看到老师手里拿着一串手串，这也太简单了吧！不就是拿绳子系几个扣就行了吗，可现实太难了。首先，拿其中的一根绳子把它固定在食指指尖上，再用另一根绳绕一圈拇指，再用绕食指的这根绳子穿到拇指的圈圈里，最后一拉一个扣，我们编啊、编啊……终于用了一个小时编完了，但那位奶奶用了五分钟就编好了，她说她已经编了三十年了，怪不得这么厉害！

这次非遗进校园活动真有趣！希望每年都有这样的活动，让我们认识到更多的非遗文化。

【点评】

本文描写了小作者参加非遗进校园活动的经历，情节连贯，能够清楚地描述活动的过程。小作者对老奶奶的描写也很生动，能够给读者留下深刻的印象。可以加入一些具体的场景描写，如活动的场地、氛围等，以及小作者的感受和体验。

（点评教师：魏笑天）

2024年2月11日星期日   天气：晴

放烟花

三（4）班　于芷晗

今天我和妹妹、妈妈、爷爷一起出去放烟花。

爷爷把烟花点燃，只见烟花在空中绽放，如璀璨的星雨，将黑暗的夜空装扮得五彩斑斓。我看到火焰在空中跳跃、闪烁，如一朵朵绚丽的花朵盛开，它们像瀑布般垂下，散发着独特的魅力。我仿佛置身于梦幻的世界中，为这美丽的景象所陶醉。

烟花绽放的声音如雷贯耳，每一次绽放都伴随着巨大的声响，震耳欲聋，这声音既让人兴奋，又给人一种震撼的感觉。

放完烟花，我们开开心心地回家了。

【点评】

小作者开篇点题，接着将烟花比作星雨、花朵、瀑布，生动地描写了烟花的美丽，可见小作者丰富的想象力。最后，小作者表达了放烟花时既兴奋又震撼的感情，条理清晰，感情真挚。

（点评老师：李厚壮）

2024年3月16日星期六　　　　　　　　天气：风

放风筝（一）

三（四）班　牛泽午

"草长莺飞二月天，拂堤杨柳醉春烟。"春天来了，湛蓝的天空中，几朵棉花糖似的白云在悠闲地散步，小草也从泥土里探出头来，开心地向人们问好。

公园的天空中飞舞着各种各样的风筝，有可爱的小白兔、美丽的小金鱼、凶猛的老鹰……最引人注目的就是高大威武的巨龙了。

看见这热闹的景象，小丽、小明和小刚三个小伙伴也按捺不住激动的心情，一起去放风筝了。小刚一只手拿着线，另一只手拿着线轴，离他不远的小明双手把风筝高高地举过头，现在万事俱备，只欠东风了。这时，一阵微风吹来，小刚立即高声叫道："风来了，快放手！"小明听到后立刻把手中的风筝抛了出去，风筝终于在他们的努力下飞了起来。

看着飞在天上的风筝，他们大笑着，仿佛自己也变成了一只风筝，带着心中的梦想和美好的回忆自由地飞翔。

【点评】

文章内容生动具体，层次清楚，不失为一篇佳作。开篇的一句古诗一下子把读者带到了烂漫的春天里，"棉花糖似的白云"，"小草也从泥土里探出头来，开心地向人们问好"，这些拟人、比喻手法的运用不仅写出天气的晴朗，也预示着小作者愉悦的心情。写放风筝的过程清晰，有语言，有动作，详细具体。结尾想象合理，升华了主题。

（点评教师：付洪霞）

2024年3月16日星期六　　　　　　　　天气：风

放风筝（二）

三（4）班　杨镜暄

美丽的春天到了，又到了草长莺飞、春暖花开的日子。今天阳光明媚、春风吹拂，小明、小红和小刚相约一起去公园放风筝。

公园里，湖边的草地郁郁葱葱、一望无际，碧空如洗的天空中飘着层层白云，杨柳也冒出了嫩芽，迎春花露出了金黄的笑脸，那些伶俐可爱的小燕子也从南方飞回来了，加入这光彩夺目的图画中，为春光平添了许多生趣。

今天放风筝的人可真多呀！小刚拿着那可爱的小燕子图案的风筝抛向空中，小明手握风筝线，在无边无际的草坪上奔跑着，一边跑，一边放长风筝线。风筝越飞越高，那风筝仿佛就是一只真的小燕子在空中翱翔。小明带着风筝跑远了，小刚又帮小红放她的蝴蝶风筝。两只风筝都飞向碧蓝的空中，从地面上望去，就好像是一只蝴蝶仙子在和小燕子姐姐嬉戏玩耍。天空中有许多奇形怪状的风筝，有小金鱼、小兔子，还有可怕的长蜈蚣，各式各样、千姿百态！形成了一幅绝美的画面！

这时，小红有感而发背诵了一首诗：草长莺飞二月天，拂堤杨柳醉春烟。儿童散学归来早，忙趁东风放纸鸢。

春天可真是一个万物复苏的美丽时节呀！

【点评】

小作者运用了拟人的修辞手法，让环境描写充满了诗情画意。尤其让人难忘的是小作者放飞了风筝，同时也放飞了自己童年的美好与快乐。

（点评教师：邓跃男）

2024年3月16日星期六　　　　　　　　天气：风

放风筝（三）

三（4）班　韩宇泽

有一天，我正在写数学作业，忽然，一阵旋风席卷而来，我被带到了另一个世界——一个生机勃勃的公园。

那里正值春天，公园里有一些人正在放风筝。有一个穿着紫衣服的小男孩，正举着一个燕子风筝，它是那么逼真：眼睛镇定有力，翅膀仿佛在拍动着，要从小男孩手中飞出去。"快让我飞起来吧！"我似乎听到"小燕子"恳求地说。燕子风筝的线攥在前面一个穿绿衣服的小男孩手中，他正拼命地往前跑，跑着跑着，忽然喊了一声"快松手"，于是那只小燕子就飞上了蓝天！

不远处，还有一家人，小孩子正在放一个三角形的风筝，爸爸指着天上的风筝说："看，风筝飞得多高呀！"妈妈说："这风筝真漂亮，这可是他自己做的呀！"

正当我入迷地看着五颜六色的风筝时，又一阵风吹过来，我听到了妈妈的声音，"写作业的时候不能睡觉！"

【点评】

这篇作文首尾呼应，不落俗套，把看图写话的内容变成了梦中的画面，比较新颖。小作者通过语言、动作的描写，突出了鲜明的个性和独特的风格，语言流畅自然，富有表现力，让人印象深刻。

（点评人：叶燕伶）

2023年12月28日 星期四 　　　　　　　天气：晴

元旦晚会

三（1）班　潘召阳

一年一度的元旦晚会拉开帷幕，舞台上布置得喜气洋洋，五颜六色的彩带相互交叉在一起，耀眼的聚光灯打在大家身上，各色大大小小的气球布置在会场里，到处洋溢着节日的气氛。

晚会开始了，同学们的节目真丰富，有唱歌的、有跳舞的、有玩游戏的……到处都充满了欢声笑语。我最喜欢开场舞《科目三》和我参加的《爱如火》，这两个节目都可以调动大家的情绪，都可以一起Happy起来！但是时间过得太快了，我们还没玩够晚会就结束了，不过没关系，我们收到了很多礼物、很多祝福。希望三年级（1）班在2024年会更好、更上一层楼！

【点评】

小作者生动地描绘了元旦晚会的热闹氛围，舞台的布置和同学们的表演使整个场景充满了喜庆和欢乐。通过提及节目的多样性，包括开场舞《科目三》和小作者参与的《爱如火》，传递了参与者的热情和团队合作的乐趣。感受到时间飞逝的同时，收到的礼物和祝福也为晚会留下了美好的回忆。最后的祝愿展现了对未来的期许和对班级的美好祝愿。希望你们在新的一年里更上一层楼，继续创造美好的回忆！

（点评教师：丁旭）

2024年3月3日星期日　　　　　　　　　　天气：晴

猜猜他是谁（一）

三（4）班　韩宇泽

他皮肤比较白，头发要比普通男生的长，所以头发看起来软软的，会耷拉下来。他戴着一副蓝色的小圆眼镜，显得很可爱。

他的表达能力非常好，平时上课朗读课文的时候，既流利又非常有感情。他还主持过非常多次的活动，比如运动会、"六一"儿童节活动、古诗朗诵会等。他主持的时候，看起来非常自信。

他的学习也非常不错，上课非常积极，最近上数学课，他总是能回答出很多问题。曾经有一次数学考试，他考了一个不错的成绩呢。

你们猜猜，他到底是谁呢？

【点评】

小作者通过细腻的描绘，成功地塑造了一个皮肤白皙、头发柔软、戴着蓝色眼镜的男孩形象，巧妙运用连接词，使整篇文章流畅而富有层次感。这些连接词的使用，不仅使得文章结构紧凑，更让读者在阅读中感受到了小作者细腻的笔触和巧妙的构思。

（点评教师：李文鑫）

2024年3月3日 星期日 天气：晴

猜猜她是谁（二）

三（4）班 王钰菡

她的眼睛又大又圆，头发长长的，经常扎一个丸子头，脸也圆圆的，笑起来有两个小酒窝，生起气来谁也不敢惹，不过她不老生气，所以声音总是细细甜甜的。

她一直以来都是组长，几乎每次都能把作业收齐，而且组织能力很强，能把组里大大小小的事情都安排得井井有条，这一点我应该向她学习！

她性格活泼开朗，因为经常看书，所以表达能力很强，交了很多好朋友，我觉得她应该组织一个猫猫团，大家和她一起玩的时候，一直追着她喵喵叫，我自然也乐在其中。

她很喜欢阅读，而且一坐就能坐半个小时，我连几分钟都坐不住呢，她可真厉害！

大家知道她是谁吗？

【点评】

在这篇日记中，小作者精准地捕捉到了女孩的外貌特征，将她的形象描绘得活灵活现，同时，也展现了她的组织能力和活泼开朗的性格，让人感受到她的魅力。最后，小作者对女孩组建"猫猫团"的期望，更体现了她对友谊的珍视和向往。整篇日记情感真挚、笔触细腻，让人对这位女孩充满了好奇与期待。

（点评教师：李文鑫）

2024年3月3日星期日　　　　　　　　天气：晴

猜猜她是谁（三）

三（4）班　张一依

我有一个好朋友，她有一头乌黑的长发，一双水汪汪的大眼睛，她特别爱笑，一笑起来脸上会露出两个可爱的小酒窝。

她不仅是一个有责任心的人，还是非常乐于助人的人。

她每天都会第一个来到教室，主动打扫卫生，班里的每一位同学遇到困难她都会主动帮忙。

记得有一次我有一道题不会做，正在我非常着急的时候，突然一个身影出现在我的眼前，开始给我讲题，在她的帮助下我很快就把这道题写完了。

我的这位有责任心、乐于助人的好朋友，你们猜出她是谁了吗？

【点评】

这篇日记通过生动的外貌描写、具体的行为特点和巧妙的悬念设置，成功地塑造了一个有责任心、乐于助人的好朋友形象，展现了小作者的观察力和表达能力。这样的文章不仅让人印象深刻，也让人感受到了友情的美好和力量。

（点评老师：洪扬）

2024年3月3日星期日 　　　　　　　　　天气：晴

猜猜她是谁（四）

三（4）班　陈梓菲

　　她是一位女生，我们三岁的时候就认识了对方，她有着乌黑的秀发、明亮的眼睛、一口白而发亮的牙齿，她的头发带着一点自来卷，她的个子很高，坐在倒数第二桌。

　　她做事认真，我去她家时，她的桌子上一干二净，一看就知道她很爱干净！

　　她很爱画画，画画这件事对她来说小菜一碟。她也很爱说话，要是她一和我说话，就和上千年没见了一样！

　　她是同学的好榜样，也是老师的小助手，她的手臂上还戴着一道杠，和我一样！

　　她还是四组的组长，我记得她在教同学写作业时，她不是立刻告诉同学这道题的结果，而是去教他方法。

　　你能猜出她是谁了吗？

【点评】

　　本文通过寥寥几笔，便勾画出一个鲜明的人物形象，多个感叹号接连出现，让人不禁想猜一猜她究竟是谁。小作者用细腻的笔触展现了她的性格特点，让人感受到她的独特魅力。结尾留下悬念，增添了文章的趣味性。

（点评教师：李文鑫）

2024年2月4日星期日　　　　　　　　　　天气：阴

立　春

三（4）班　梁李佳

今天是二十四节气中的第一个节气——立春，又叫立春节，是春天到来的意思，代表着温暖、生长。

春天一到，万物开始生长。现在天气虽然还很冷，但是没有那么刺骨了。有的人已经脱了厚厚的棉衣，换上了春天的衣服。小鸟在枝头也叫得更欢了，小草在土壤里伸了一个大大的懒腰。春天来了，人们都喜欢到田野去踏青，去看已经发芽的柳条，去看那满树洁白的梨花。

俗话说："一年之计在于春，一日之计在于晨。"新的一年，我也要有新的开始，一定要改掉身上的一些坏习惯。我要在学习和生活等方面更加努力，在新的一年里，各个方面都有一个崭新的变化。

【点评】

这篇日记围绕立春这个节气展开，描写了春天到来时的景象和人们的活动，语言生动形象，还表达了小作者在新的一年里要努力进步的决心，积极向上。如果能再具体描述一下自己要改掉的坏习惯，以及计划如何在学习和生活中努力，会让内容更加充实。

（点评教师：刘丽楠）

2024年3月16日星期六 　　　　　　　　　　　　天气：风

春来到（一）

三（4）班　张一依

漫长的冬天终于过去了，春姑娘踏着轻盈的步伐悄悄地来到了我们身边，让我们去大自然中找寻春姑娘的足迹吧。

"一年之计在于春"，你看那一望无际的田野里，农民伯伯正挥洒着汗水辛勤地劳作。微风吹来，田野里传来一阵阵欢笑，好像在说："春姑娘来过这里了，她留下了幸福的足迹。"

你看，山坡上那偷偷钻出脑袋的小草，就像刚从梦中醒来一样伸着小懒腰。小草的形态各异，有尖尖的像一把把宝剑扎在土里，有椭圆的像一把把小扇子立在土里，有长长的像一位位战士伫立在那里。它们享受着春天的阳光，疯狂地生长着，好像在说："春姑娘来过这里，她留下了绿色的足迹。"

你看，花园里的花竞相开放、争奇斗艳，各有各的姿态，看看这一朵很美，看看那一朵也很美。有的含苞待放，有的刚刚展开花瓣，有的全部绽开。它们好像在说："春姑娘来过这里，留下了五颜六色的足迹。"

你看，天上的燕子从遥远的南方飞回了北方，树上的小鸟叽叽喳喳地叫着，河里的野鸭、小鱼自由自在地游着，好像都在告诉我们："春天来了，春天来了！"

【点评】

小作者对农民伯伯、山坡上的小草、花园里的花、天上的燕子进行了细致的描写，层次分明，生动紧凑，字里行间流露出春天到来的足迹。小作者借助丰富的想象，运用拟人、比喻、排比等修辞手法加以刻画，使语言流畅优美、文章生动传神，展现出春天生机盎然的景象，反映出自己由衷的喜悦之情。

（点评教师：付洪霞）

24年3月16日星期四　　　　　　　　　　天气：晴

春来到（二）

三（4）班　张漠龄

告别了寒冷的冬天，春姑娘迈着轻快的脚步到来了。万物复苏，它为大地换上了一件新的衣裳。

小草从土中探出了小脑袋，好奇地打量着这个世界。它们有的相互聊着天，有的随风跳着欢快的舞蹈，还有的在和小动物聊着春天，问着关于万物的问题。

花儿们也竞相开放。快看，开的花可真不少。有迎春花、樱花、梨花、桃花……花儿们开得那么鲜艳、那么好看。能想象到，再过一段时间，百花齐放，那情景一定会让人们大饱眼福的！

大树们也开始准备自己的衣裙了。就以柳树为例吧，柳树抽出了它纤细的枝条，就像裙子上碧绿的丝带。一阵微风拂过，枝条摆动着，好看极了！

春天来了，天气慢慢暖和了，河水上那厚厚的冰融化了，水里的小鱼活跃了，小鸭子也三五成群地游着泳、玩着游戏，看起来开心极了。

春天来了，人们的活动也多了。人们纷纷开展放风筝、写生、野餐、春游等活动，热闹极了！

人们总说，一年之计在于春。我们一定要好好珍惜春天这段美好的时光！

【点评】

遇见春天，走进春天，欣赏春天，享受春天。脚下的小草透出勃勃生机，眼前的花朵填满希望，远处的河里唱着勃勃生机，春天不仅仅是风景，更是小作者心中最美的记忆。

（点评教师：喜志林）

2024年3月16日 星期六   天气：晴

春来到（三）

三（4）班　张贺晴

春天到了，万物复苏，花儿开放，太阳暖洋洋地照耀着大地，大自然充满了生机。我非常喜爱这生机勃勃的春天。

春姑娘一来，地上的小草就争先恐后地钻了出来，它们好像在向我问好。

千万条的柳枝也换上了绿衣裳，清风一吹，它们好像跳起舞来。

公园里的花儿也开了不少，有迎春花、玉兰花，还有杏花，争奇斗艳。金黄色的迎春花开满了枝头，白色的玉兰花就像仙女一样美丽，还散发着淡淡的香味，粉色的杏花一簇一簇的，显得很可爱。

小燕子也成群结队地从南方飞回来了，它们叽叽喳喳地叫着，好像在说："春天到了，春天到了。"

春天真美啊，我爱这美丽的春天！

【点评】

春天是一幅画，画里有报春的小草、争奇斗艳的花朵，还有南归的燕子。我想，春天还会是一首动听的歌，等着小作者拿起多姿多彩的观察之笔去谱曲。

（点评教师：喜志林）

2024年3月16日星期六 天气：风

春来到（四）

三（4）班 张 影

春天来了，万物从沉睡中苏醒，青草、树木开始抽出嫩芽。

温暖的春风吹化了残雪，吹绿了树枝，吹来了晴空，吹得河水也泛起了笑窝。

快看！那边的树上有两只麻雀：一只胸脯是浅棕的，一只是淡白的。它们在树枝间来回跳动，婉转地歌唱，非常惹人喜爱。那边，鸳鸯在幽静的湖面上漂浮着，仿佛在悠闲地欣赏着湖光山色。当它们展开华丽的羽尾，如同一把灿烂的扇子散发出璀璨的光芒，令人赞叹不已！

春雨唤醒了万物，酣睡了一冬的麦苗，舒展开自己的身体，英姿勃发地呼吸着春天的气息。

随着春天的到来，迎春花也逐渐开放，花儿不正像一张张美丽可爱的笑脸吗？经过春雨的淋洗，更是一枝独秀，黄得耀眼。那翠绿的叶片配上生机勃勃的迎春花朵，更是美不胜收，构成了一幅春天的、美丽的画卷。

这就是春天！

【点评】

小作者笔下的春天丰富而又美丽：温暖的春风，可爱的麻雀，美丽的鸳鸯，英姿勃发的麦苗，黄得耀眼的迎春花，通过生动、形象的语言描绘，并辅以比喻、拟人等手法的运用，使读者仿佛置身于梦境一般。正如小作者说的，这就是一幅春天的、美丽的画卷。结尾的感叹句不仅呼应了开头，还有力地强化了主题。

（点评教师：付洪霞）

2024年3月16日星期六 天气：风

春来到（五）

三（4）班 于芷晗

冬爷爷走了，春姑娘又来到了我们的身边。万物复苏，到处生机勃勃、绿意盎然。

在那光秃秃的树枝上，小嫩叶冒了出来；绿油油的小草也从泥土中探出了它的小脑袋，看着这个充满活力的世界，从远处看，就像给大地铺上了一张绿色的毛绒地毯一样。粉红色的桃花、白色的梨花、黄色的金盏菊、紫色的牵牛花都争相开放，绚丽多彩，争妍斗艳，像是在一起庆祝着春天的到来。

春天的太阳总是那么耀眼，犹如一颗璀璨的宝石，闪着金色的光芒，照着大地，像是想给大地带来温暖一样。太阳照向河面，河面上的冰也随之融化了，河水欢快地流淌着，发出叮叮咚咚的声音，像是春姑娘演奏的一首欢快的歌曲。

微风拂过，听起来如同柔和的乐章。风轻轻地拂过树枝，带着草的清新和花的香气，让人们知道春天的到来。

春天可真是一个生机勃勃、绿意盎然的季节啊！

【点评】

朝气蓬勃的春天偷偷地来到我们身边，小作者看到了它的五颜六色的花衣，听到了它动听的歌唱，感受到了它的温柔，这美好让读者入眼、入耳、更入心。

（点评教师：喜志林）

2024年3月16日星期六　　　　　　　　　天气：风

春天里的快乐

三（4）班　王一然

蔚蓝的天空中飘着几片棉花糖似的白云，草坪像一块绿绿的地毯，清风微微地吹拂着，真是个放风筝的好天气。

看！那边拿着蝴蝶风筝的粉衣女孩是婷婷，在她旁边拿着风筝线的绿衣男孩是小安，帮小安拿着燕子形状风筝的紫衣男孩是明明。这时，小安对明明说："你可以放手了！"明明放开了手，风筝随之飘起，就像一只燕子在天空中翱翔。

远处有一家三口，其中有一个和明明他们差不多大的小男孩也在放风筝，小男孩的爸爸和妈妈在一起看空中的美景。

这时小安看到了远处的那个男孩，于是小安决定，把那个小男孩叫过来，一起比赛放风筝。就这样他们都努力地放起了风筝，都希望自己能够赢得这场比赛。你猜最后谁赢了？是小安！不过友谊第一、比赛第二，不管有没有赢，大家都很开心。

一个上午转眼就过去了，他们恋恋不舍地告别，约定下次还要一起出来玩。

【点评】

小作者是个善于观察的孩子，特别会组织语言，开头一段紧扣景色特点，巧妙运用比喻手法，一下子就抓住了春天的特点，语言既简洁又生动。

建议：在描写放风筝这一过程时，如能加入对人物的生动描写会使文章更有感染力，加油！

（点评教师：喜志林）

2024年3月16日星期六　　　　　　　　　　天气：晴

春之声

三（4）班　杨镜暄

咦？小河里的冰面融化了，在温暖阳光的照耀下，变成了轻柔的河水。河里面五彩斑斓的小鱼小虾也从冬日的朦胧睡意中缓缓苏醒，舒展着柔软的身体，恢复了往日的活力与生机。到底是谁来了呢？哦，原来是温柔可人的春姑娘！

春姑娘飞向高山，高山上的积雪都融化了。

春姑娘飞向天空，顿时天空变得晴空万里、碧蓝无边。春姑娘藏起来了，藏到了棉花糖一样的白云中。一只只活泼可爱的小燕子从遥远的南方飞回来了！它们身穿燕尾服，展开长长的翅膀和剪刀似的尾巴，轻快地掠过绿油油的田野，叽叽喳喳叫个不停，仿佛在对田野里的小蚂蚱们说："春姑娘来啦！我们又回来啦！"

春姑娘飞向争奇斗艳的花园，桃花、樱花、迎春花纷纷绽开了美丽的笑脸，像是在欢迎春姑娘的到访。粉嫩的桃花在晨曦中贪婪地吸吮着阳光，晶莹剔透，如同一群可爱的精灵。迎春花那金灿灿的花瓣让人们感受到温暖和幸福。要说最美的，就数樱花了，它们的香味轻柔细腻，如同初春的阳光，让人沉醉其中。樱花有淡粉色的、乳白色的，就像是一朵朵洁白无瑕的雪花，春姑娘调皮地吹了一口气，樱花瓣纷纷落下，形成了一幅绝美的画面。杨柳也冒出了嫩芽，微风吹拂，柳树枝和春姑娘跳起了舞，为春光平添了许多生趣。

春天来了，万物复苏。但春天在哪里呢？现在我终于知道了，春天在我们的眼睛里、在我们的耳朵里、在我们的鼻子里，也在我们的心里！

【点评】

这真是一篇美文，笔下诠释了人间最美是春色！小作者有一双发现美的眼睛，有一颗细腻温暖的心灵，能在平凡的日常中发现更多的美好。小作者在感受人间芳菲的同时，也化为一缕春风，所到之处，唤醒了山河，染绿了原野，美丽了生活……向我们传达了各种美妙的声音，写活了春天里的各种景物和动物，展示了一幅美丽动人的春景图。

（点评教师：邓跃男）

2024年3月16日星期六　　　　　　　　　　天气：晴

春姑娘来了

三（4）班　王钰菡

　　"草长莺飞二月天，拂堤杨柳醉春烟。"期待已久的春姑娘终于向我们走来了，她挎着一个绿油油的充满生机的袋子，一边优雅地走着一边播撒着里面的"春天种子"。

　　春天是一个万物复苏的季节。小草们调皮地露出了尖尖的小脑袋，好像在说："加油！加油！我们一起努力长高！"放眼望去，千丝万缕的柔柳随风飘动，好像在翩翩起舞，偶尔还淘气地碰一下清澈见底的河水，河面瞬间泛起了层层涟漪，平静的河面上的小圆圈便一圈一圈地荡漾开去，仿佛柳树和河水正在说着甜蜜的悄悄话……一走进公园，一阵阵花香扑面而来，放眼望去，呀！鲜红的桃花，雪白的梨花，黄澄澄的杏花……它们争奇斗艳，竞相开放，各种花的香味交织在一起，形成一种令人陶醉的香气。

　　"泥融飞燕子，沙暖睡鸳鸯。"候鸟们陆续从温暖的南方飞回来，它们开心地交谈着，一只"大雁马戏团"的队长大雁说："团员们，我们一会儿就要降落了！"这时，团员们就飞得更快了，它们迫不及待地想要回到这个久违的"家"。森林里的小熊挺着圆溜溜的小肚子，慢悠悠地从山洞里走了出来，它舒服地伸了个懒腰；小刺猬的肚子饿得咕咕叫，它连忙从洞中蹿了出去，匆忙地寻找食物；可爱的小青蛙从泥土中跳了出来，欢快地来了首《春天狂响曲》，呱呱呱……冬眠的小动物们都睡醒了，春天成了一幅生机勃勃的画面。

　　伴随着春姑娘的到来，最开心的当数我们这群小朋友了。春暖花开，风和日丽，一大堆有趣的活动应运而生，有的小朋友去公园种树，为大自然贡献了一份力量；有的同学参加野炊活动，他们一边兴奋地煮着美味的食物，一边谈笑风生地欣赏着春天的美景；还有的小朋友去公园放风筝，他们在空旷无比的草地上尽情地奔跑，手中的风筝也在天空中快乐地翱翔……这些活动多么有趣啊！

春天，真是一幅妙趣横生的画卷！

【点评】

小作者是个善于观察、想象力丰富的孩子。全文灵活运用比喻、拟人、引用等修辞手法和大量景物描写，向读者呈现了一幅美丽又生动的春景图，图中有景有物，有声有色，生机勃勃，好不热闹！

（点评教师：喜志林）

2024年3月3日星期日   天气：晴

花田真美

三（1）班　陈心童

在我的故乡，有一片五颜六色的花田，让人流连忘返。

春天，百花齐放。花田里长出漂亮的花朵，紫色的二月兰，白色的蒲公英，金黄色的向日葵，它们和各种各样的野花争奇斗艳，美丽极了。

夏天，烈日炎炎。苍翠的枝叶从花朵的枝干里伸了出来，鲜艳的花朵配上翠绿的叶子，花儿显得更漂亮了。

秋天，果实累累，向日葵结出美味可口的瓜子，蒲公英开始传播种子，农民伯伯收割麦子，秋天真是个丰收的季节啊！

冬天，大雪纷飞。雪花落在树木的身上，显得格外美丽，树上的梅花也开了，小河变成了滑冰场，孩子们可以在冰上滑冰，多么热闹啊！

这就是我故乡的花田，是一片多么丰富多彩的花田啊！

【点评】

作文生动描绘了小作者故乡的花田，通过四季的交替呈现出不同的美景。整篇作文用词生动、情感真挚，成功地传达了故乡花田丰富多彩的美丽。

（点评教师：丁旭）

2024年3月3日星期日   天气：晴

风景如画的通明湖

三（4）班 韩宇泽

我家附近的通明湖，一年四季风景如画！

春天，湖水解冻，湖水潺潺地流着。河岸上长出了许多小草，葱葱绿绿的。岸边的石头缝里伸出了一枝细细的枝条，那便是迎春花了，迎春花黄灿灿的，好看极了。

春天总是过得那么快，不一会儿，就到了夏天。夏天，湖里长满了荷叶，不时还能看到一朵朵荷花，在阳光下散发着香气。小青蛙时常到荷叶上去晒太阳，在那里静静地趴着。小蜻蜓也是夏天的常客，它时常停在荷花上，好像是在和荷花聊天。有一次我在湖边看到了一条小鱼跳到了岸上，我不知道它是想到岸上来玩一玩，还是想要晒晒太阳。看着它奄奄一息的样子，我就把它放回了湖里。过了一会儿，它浮上来摆了摆尾巴，好像是在跟我说"再见"一样，就游走了。

不知不觉到了秋天。湖边的芦苇都泛黄了，白色的芦苇花在风中飘飘摇摇，像一个个大大的棉花糖。秋天的湖水清澈透明，没风的时候，水面就像一面大镜子，有风的时候，水面波光粼粼的，像洒满了水晶，亮晶晶的。秋天，湖里的小鱼也很多，在水底游来游去，仿佛在开大会一样。

秋天也过得那么快，转眼到了一年的最后一个季节——冬天。冬天的湖水结成了一面大镜子，一下完雪，通明湖就好像是白糖做的一样，雪花覆盖了冰面、两岸和岸上的一切。

通明湖的这一年都好美好美，我好期待下一年，通明湖又会是怎样的画卷呢？

【点评】

本文展现了通明湖四季的瑰丽景色。春天生机勃勃，湖水解冻，迎春花绽放；夏天荷叶、荷花点缀湖面，小青蛙、小蜻蜓与小鱼增添趣味；秋天芦苇泛黄，湖水清澈如镜，小鱼游动成景；冬天湖面结冰，银装素裹，如梦如幻。小作者通过细腻的笔触，展现了对大自然的热爱，使人对通明湖的美景留下了深刻印象。

（点评教师：李文鑫）

2024年3月3日星期日　　　　　　　　天气：晴

这儿真美（一）

三（4）班　陈梓菲

我家附近的通明湖公园，是我常去玩耍的地方。公园很大，也有很多游乐区，但我最喜欢的却是公园里的通明湖。

春天，湖边的迎春花来报信；夏天，湖中的荷花来装扮；秋天，湖边的枫叶红如火；冬天，湖中的白雪如棉被。通明湖每个季节都是一幅美丽的画卷！

阵阵春风吹过，蒙蒙细雨滴落湖中。湖边，勇敢的迎春花第一个来报信，她散发出幽幽的芳香，呼唤着小草们："醒醒了，醒醒了！春天来了！"小草张开双臂伸了个懒腰，看了看别的植物，除了自己和迎春花，剩下的植物还在呼呼睡大觉呢！这让我想起："天街小雨润如酥，草色遥看近却无。"

雷声轰鸣，大雨倾盆而下，吓得湖中的小鱼东躲西藏。这时，一朵朵纤尘不染的莲花从水面钻出。荷花百态，有很多已经盛开，露出笑脸；有的才开两三瓣，远看像一只粉色的小船。雨停了，碧绿的通明湖清澈见底，好像是一面透明的大镜子。

叶子慢慢落下，秋天来了！有火红的枫叶、金黄的银杏叶、翠绿的梧桐叶等，叶子落啊落，落啊落，飞舞到湖面上。一阵微风，湖面上五彩缤纷的叶子随着波浪摆动，像一条多彩的裙子在旋转，有趣极了！

寒风呼呼吹，冬天到了。下雪了，湖面上结着冰，一朵朵雪花盘旋降落在湖面上，好似给通明湖穿了件厚厚的外衣，又像是冰激凌蛋糕上的一层奶油，看上去让人好有食欲！

通明湖每个季节的风景都很秀丽、迷人，身处其中，使人流连忘返。这儿真美！

【点评】

本文生动地描绘了通明湖四季的迷人景色。春天，迎春花报信，小草苏醒；夏天，荷花盛开，湖面如镜；秋天，五彩斑斓的落叶飘舞湖面；冬天，湖面结冰，雪花覆盖。每个季节都有独特的美景，令人流连忘返。小作者运用生动的语言，将读者带入通明湖的美丽画卷中，让人感受到大自然的魅力和生命的活力。这儿，真美！

（点评教师：李文鑫）

2024年7月3日星期三　　　　　　　　　天气：晴

这儿真美（二）

三（4）班　于芷晗

我国杭州有不少山清水秀、风光秀丽的地方，不过最有名的还要数多姿多彩的西湖。

春天，柳树开始吐绿发芽了，小嫩芽淘气地摆动着小脑袋，贪婪地吸着贵如黄金的春雨，渐渐长大，长得苍翠欲滴。桃花争相吐艳，一棵棵桃树千姿百态、粉白相映。一桃一柳，桃红柳绿，甚是漂亮。春天的风是微醺的，特别温柔，引来了很多旅客。

夏天，一片片荷叶像一个个碧绿的大圆盘，懒洋洋地躺在湖面上。大圆盘上托着一朵朵粉色的荷花，荷花有些还仅是个花骨朵，嫩粉中带着白色，像未成年的小女孩；有些刚开始绽放，像一位亭亭玉立的大姑娘；有些已经完全盛开了，开得那样娇艳，像落落大方的女士。荷叶挨挨挤挤的，不留一点空隙，在凉风吹拂下，它们你挤我、我推你，玩起了游戏，是那么淘气，那么无拘无束。

秋天，菊花盛开，菊仙子竞相打扮自己，有的穿起了紫红色的衣服，有的是淡黄的，有的是雪白的。它们这是要去参加舞会，还是在选美呢？秋风吹过，你还能闻到一阵清香，那是桂花仙子送来的。桂花的花瓣落在湖面上，就像一艘艘金色的小船，它们是借着秋风的力量，被桂花妈妈送出去远航的。

冬天，只有蜡梅还在绽放，像一位与世隔绝的女子静立在湖边。西湖的水结成了冰，就像一个天然的滑冰场。伴随着凛冽的寒风，一场皑皑的大雪落下，桃树、柳树都换上了白色的冬装。冬天虽然没有其他季节艳丽，但是银装素裹另有一番风味。

所以西湖四季各有各的美，总引得旅客流连忘返。

【点评】

文章按照"总—分—总"的结构行文,开篇总写"我"对杭州西湖的赞美;中间按照春、夏、秋、冬的时间顺序描写了西湖四个季节不同的景色,结构清晰;结尾再次点题,前后照应。文章语言生动、描写细腻,采用了比喻、拟人的修辞手法,尤其是对夏季荷花和冬季腊梅的描写,将花比作人,读来生动传神。

(点评教师:洪莹)

2023年11月1日星期三　　　　　　　　　天气：阴

这儿真美（三）

三（1）班　周　赟

夏天是我最喜欢的季节，夏天荷花红、荷叶翠，晚上看星星也是最好的时机。如果你以前不喜欢夏天，那么现在你就会爱上夏天。

夏天的一个下午，妈妈带我去公园玩，我们刚进公园，我就发现公园里的水好像变多了，时不时还发出哗哗哗的水声，听起来美妙极了！我们一边走一边说笑着，不知不觉就来到了湖中央的一座大桥上。我低头一看，哇！一朵朵美丽的荷花密密麻麻地开在桥的两旁，就像一个个亭亭玉立的姑娘。荷花的两边还长着圆圆的像玉盘似的荷叶，有时候还能看见几只绿油油的小青蛙在荷叶间跳来跳去。我常常来公园里玩，我觉得公园很美，就这样我和公园成了好朋友。

【点评】

小作者用生动的语言描绘了夏天的美好，特别是对公园里的荷花和湖景的描述令人印象深刻。通过表达对夏天的热爱，以及在公园中欣赏自然美景的愉悦，展现了一位小学生对生活的热情和对自然的敏感。最后以与公园成为"好朋友"来结束，表达了深深的喜爱和亲近感。这篇日记展现了孩子对于身边美好事物的细腻感受，十分可爱。继续培养对自然的热爱和用心感受身边的美好吧！

（点评教师：丁旭）

2024年3月3日星期日　　　　　　　　　天气：晴

美丽的西山

三（4）班　张　影

春天，西山的树木都抽出了新的嫩芽，长出了新的绿叶。远远望去，树林就像一块绿色的大地毯，麻雀和喜鹊叼着小绿虫穿梭在树林里。春天来了，野花也开放了，就像一串串小葡萄，五彩缤纷，有黄的、白的、紫的，美丽极了！

夏天，炎热。中午太阳从云层中升起来，千万缕耀眼的金光穿过树梢照射在石头路上，这时在清澈的河流和小瀑布旁边坐下来会非常凉爽。时不时还会有一阵凉风吹来，吹走了夏天的炎热。

秋天，树叶变红了，地上的落叶就像一张彩色的地毯。时不时还会有一只小松鼠抱着松果从草丛里跳出来，原来它们是在为冬天做准备。树林里长出了酸酸的果子、甜甜的枣子、硬硬的坚果。

冬天，雪花漫天飞舞。小动物们都躲进树洞里，等待春天的到来。

西山真是动物的繁殖地，还是一座宝库。

【点评】

这篇日记在写作思路和方法上都表现出了小学生对自然季节变化的敏锐观察和生动描绘。通过四季的描绘和动物的活动，小作者成功地展现了西山作为动物繁殖地和宝库的独特魅力，同时也传达了对自然的热爱和敬畏之情。

（点评老师：洪扬）

2024年3月3日星期日　　　　　　　　天气：晴

人民大会堂

三（4）班　于奕凡

今天我和妈妈来到了人民大会堂，这是我第一次来人民大会堂。

走进人民大会堂的大厅，映入眼帘的是一幅美丽的画作。这幅画上面有几只小鸟，画得非常逼真，好像要展翅飞翔呢！大会堂里有许多幅画及书法作品供大家欣赏参观，每幅作品都很漂亮。其中有一幅画叫《江山如此多娇》，画上有很多座山和很多条河流，非常壮观。

人民大会堂里有很多会议厅，有中央大厅、迎宾厅、宴会厅、国家接待厅、金色大厅及各省代表厅。人民大会堂还有万人大礼堂，是可容纳一万人的会议厅。走进大会堂，灯光灿烂，比电视上看到的更加雄伟壮丽，感觉像换了一个世界，让人眼花缭乱。

时间到了，我们还有很多画没看完，下次再来的时候我们一定要把这些画和地方全都参观完。

【点评】

文章开头简明扼要，接着描写了人民大会堂的美丽画作，观察细致，叙述时井然有序，辅以夸张的手法，使读者仿佛置身其中。接着介绍了人民大会堂的会议厅，"雄伟壮丽""眼花缭乱"等词语的运用，表达出了小作者来到人民大会堂的激动和兴奋。

（点评老师：李厚壮）

2024年7月3日星期三　　　　　　　　　　天气：晴

看荷花

三（4）班　梁李佳

我喜欢荷花，每年夏天荷花盛开的时候，我都要去公园欣赏它们。

一场雨过后，空气格外清新。我们刚进大门，就闻到从荷塘飘来的阵阵沁人心脾的清香。我想荷花一定开了许多，便径直奔向荷塘。在荷塘边凭栏俯视，只见荷塘里开满了白色的、粉色的荷花，那白的像雪、粉的像霞。有的躲在叶子背后，露出半张脸，像个害羞的小姑娘；有的从荷叶中探出头来，亭亭玉立，含笑怒放；有的才刚刚含苞，像个睡美人儿还没有睡醒。那一张张圆盘似的碧绿的荷叶，有的高出水面，有的贴在水上，高高低低铺满了池塘。叶子上的水珠在阳光下闪烁，像一颗颗晶莹透亮的珍珠。一阵微风吹过，那荷花便迎风摇摆，犹如无数穿着绿裙子的仙女在湖面上翩翩起舞。

爸爸告诉我：荷花是荷开的花，荷也叫作莲，是水生草本的植物。荷花不仅可以供人观赏，凋谢了还会留下绿色的花托，结着莲蓬，里面藏着二三十颗莲子，池底的污泥中还长着鲜嫩的莲藕。莲子是可口的滋补品，可以入药治病，莲藕可以做菜，可以制成藕粉，是清凉的食品，荷花对人类的贡献可真大呢。荷花长在污泥中，艳丽而不妖娆，香气清幽，古人称它是"出淤泥而不染"。我沉思了片刻后说："荷花不仅有漂亮的外表，还有高尚的品格。"

这次赏荷经历，让我对荷花有了更深刻的了解，我更加喜爱荷花了。

【点评】

小作者通过细腻的描写，展现了荷花的美丽与多样：白色的如雪，粉色的如霞，有的害羞躲藏，有的亭亭玉立，有的含苞待放，形态各异，令人陶醉。

同时，小作者还介绍了荷花的生长环境和用途，突出了荷花的高尚品格。整篇日记语言优美、结构清晰，不仅让读者欣赏到了荷花的美，也感受到了小作者对荷花的深深喜爱。

（点评教师：李文鑫）

2024年3月3日星期日 　　　　　　　　　天气：晴

那次玩得真高兴

三（4）班　于芷晗

一个风和日丽的上午，妈妈要带我和妹妹去动物园玩，我像一只开心的小白兔一样，又蹦又跳。我们先吃好早饭，换好衣服，就出发去动物园了。

到了动物园，我迫不及待地想看小动物。哇，动物园里真热闹啊！"我们快进去看看小动物吧！"我兴奋地喊道。我们先看了大象，大象的两个耳朵耷拉着，像两把大扇子。它的鼻子好长啊，吃东西的时候会用鼻子卷起食物再送进嘴里，就像人的手一样。看大象吃饭可真有趣！

我们看完大象，就去看金丝猴了，金丝猴的尾巴很长，毛茸茸的，我真想去抚摸它的尾巴。我还看见一只金丝猴倒挂在树上玩，样子非常可爱，那圆圆的头、小小的嘴、长长的手，显得格外机灵。我跟它打了一个招呼，它好像在对我说："欢迎你！"

看完金丝猴，我们还去看了许多动物，后来时间不早了，妈妈对我说："我们该走了。"我真是不舍得回去啊！不过那次玩得真高兴。

【点评】

文章的字里行间流露出"我"对小动物浓浓的喜爱之情。小作者从动作、外形两个角度描写小动物，写得十分生动，给人留下深刻的印象，喜爱之情油然而生。

（点评教师：洪莹）

2024年9月9日星期一　　　　　　　　　　天气：晴

美好的秋天

三（4）班　于奕凡

秋天来了，一片片树叶离开了大树温暖的怀抱，像一只只金色的小蝴蝶在空中飞来飞去，跳着一支支好看的舞蹈。这些小蝴蝶好像是飞累了，落在了大地母亲的怀里，大地母亲想叫醒它，可是它们不愿意飞起来了。

秋天是一派丰收的景象，像麦穗一样。它摘下了一颗麦粒，变成了闻着就香的苹果树。苹果树上沉甸甸、红彤彤的大苹果，一咬，甜甜的味道布满整个口腔。它又摘了一颗，变成了石榴树。石榴树上圆滚滚的、火红红的大石榴，吃上一小颗，甜得让人拍手称赞。它又摘了一颗，变成了梨树。梨树上像挂葫芦似的挂满了黄澄澄的大梨子，吃一大口，让人口水流个不停。它们三个仿佛都在说："瞧！我们的外表是多么的漂亮和华丽，内里是多么的好吃和诱人啊！"听到这话，人们争着抢着要去摘呢！

秋天来了，人们打开窗户，凉凉的秋风悄悄地钻进了人们的心里。

秋天来了，一只小喇叭叫着小动物们快点储存粮食，不然的话，可怕的冬天就要来了。它让人们快点去收水果粮食，不然的话，大雪会把粮食埋没的。

秋天来了，我们开始发现它了，我们的笑脸被它照耀得更欢乐了。

【点评】

小作者开篇运用比喻、拟人的修辞手法，把秋天落叶的场景生动形象地表达出来，接着又详细描写了秋天的苹果树、石榴树和梨树，用拟人的手法写出了三种果子的香甜可口，结尾三段连续用三个"秋天来了"，表达了小作者对秋天的期待和喜爱。

（点评老师：李厚壮）

2024年3月3日星期日　　　　　　　　　　天气：晴

秋　天

三（1）班　周　赟

　　秋天，像一位姑娘，穿着一身金黄的衣服，迈着轻盈的脚步，悄悄地来到人间。

　　在这迷人的季节里，一片片树叶从枝头飘落，一群群大雁排成"人"字、"一"字往南飞。原本翠绿的叶子霎时间变成金黄，地上的枫叶铺成了一条金黄色的"地毯"，走上去咯吱咯吱响，抓一把撒在天空中，叶子像长了翅膀一样飞了起来，美丽极了！

　　一年四季中，我最喜欢秋天。喜欢秋天的天，天高云淡；喜欢秋天的风，秋风扫落叶；喜欢秋天的雨，秋雨绵绵。我喜欢秋的一切。瞧，那金黄的玉米地，像一片黄黄的海洋。瞧，那火红的柿子，像小灯笼一样挂在枝头。瞧，那翠绿的西瓜，像一个个又圆又绿的皮球。这就是秋天的意义，它不仅是树叶脱落的时节，也是果实成熟的时节，我很喜欢秋天。

【点评】

　　这篇日记生动地把秋天比喻为一位穿着金黄衣服的姑娘，通过细腻的描写展现了秋天的美丽景色。小作者巧妙地描述了树叶飘落、大雁南飞以及地上金黄的枫叶形成的"地毯"，使读者感受到秋天的宁静和美好。小作者对秋天的钟爱贯穿全文，通过喜欢秋天的天气、风、雨以及丰收的景象，表达了对这个季节的独特情感。整体而言，描写细致入微，情感深厚。

（点评教师：丁旭）

2023年11月4日星期六　　　　　　　　天气：晴

秋天真美

三（1）班　潘召阳

　　秋风瑟瑟地吹，树上的叶子就像一只只蝴蝶慢慢地、慢慢地，飞落到地上，给大地铺上一层金色的"地毯"。我们走在落叶铺成的地毯上，脚下发出嘎吱嘎吱的声响，好像是秋姑娘给我们寄来的明信片，在向我们诉说秋天的故事。我和妈妈捡起一片杨树叶，用它拔河，捡起一片梧桐树叶，在上面画画，这是我们最开心的事。

【点评】

　　这篇日记生动地描绘了秋天的景色，通过细腻的描写，展现了落叶如蝴蝶飞舞，构成金色"地毯"的美景。小作者运用生动的语言，形象地描述了踩在铺满落叶的"地毯"上发出的声响，仿佛是秋姑娘送来的明信片，诉说着秋天的故事。同时，展示了小作者和妈妈在这美丽的秋天玩耍的场景，透露出快乐的氛围。整体而言，描写细腻，情感丰富。

（点评教师：丁旭）

2023年12月11日星期一　　　　　　　　　　　天气：雪

家乡的初雪

三（4）班　梁李佳

今天原本是个平常的日子，万物都应该是平平静静的，但是这场雪打破了原有的宁静。

天上那漫天飞舞的雪花，像个淘气又调皮的娃娃，飘到我们身边玩耍；像冬日的蝴蝶，把美丽带给人们。窗外那几棵高大的松柏，本是朝气蓬勃的绿色，因雪花的装饰，像穿着一件雪白雪白的婚纱，雪花一闪一闪的，如水晶一般。

我们迫不及待地跟着老师一起感受雪的魅力，一起堆雪人、打雪仗，大家都玩得不亦乐乎。可惜雪的美不可能长时间停留下来，它来也匆匆，去也匆匆，只留余香在那冰寒的空气中飘荡。

【点评】

这篇日记把雪中的景色描写得十分生动，让人仿佛身临其境。通过比喻的修辞手法，将雪花比作娃娃和蝴蝶，形象地描绘出了雪花的可爱和美丽。日记还记录了小作者和老师一起玩雪的快乐场景，充满了童趣。最后的惋惜之情，也让日记更加真实。如果能再加入一些个人感受和思考，比如雪对你的意义，会让日记更有深度。

（点评教师：刘丽楠）

2024年2月20日星期二   天气：雪

下 雪

三（4）班　于芷晗

今天晚上下了一场大雪。

你瞧，雪花纷纷扬扬地从天空中飘落下来，一片片洁白的雪花像一个个顽皮的小精灵，在空中翩翩起舞，不一会儿，大地就铺上了一条柔软而厚实的棉被。推开窗户，雪的清新迎面而来，让人神清气爽。放眼望去，到处银装素裹，仿佛进入了粉妆玉砌的冰雪世界。

外出的人们，踩在厚厚的积雪上，发出咯吱咯吱的声音，雪地上留下了一串串大大小小的脚印，这些脚印深深浅浅、歪歪扭扭，宛如洁白的画布上可爱的涂鸦，有趣极了。

小朋友们终于可以在冰雪世界里玩耍了。我们堆雪人、打雪仗，雪落在我们头上、身上、脚上，我们在雪里撒欢儿、打滚儿，玩得不亦乐乎！

我喜欢下雪天，喜欢这银白色的雪世界。

【点评】

小作者从雪景、人景两个方面写出了雪天的魅力，其中，小作者把人的脚印当成了涂鸦，想象新奇有趣。"撒欢儿""打滚儿"两个动词的使用，让雪中孩子们玩乐的画面更加立体了。

（点评教师：洪莹）

2023年12月14日星期四　　　　　　　　　　天气：雪

下雪啦

三（1）班　周渊博

今天下午，我上完网课，往窗外望去，一片白茫茫的，如银装素裹一般，我特别喜欢雪，于是我央求妈妈带我到外面玩雪，妈妈答应了。

我们出了单元门，雪花纷纷扬扬地落下来，大地变成粉妆玉砌的世界。有的雪花喜欢褐色，落在瓦片上；有的喜欢银灰色，便落在地面上；有的落在我的衣服上变成一颗颗晶莹的水珠，美丽极了！这让我想起了两句诗："不知天上谁横笛，吹落琼花满世间。"

那一簇簇雪花，看起来像白绒毛扎成的小花。风一吹，玉屑似的粉末，便飘飘洒洒像一只只白色的蝴蝶在翩翩起舞，一切是那样令人神往。

我们来到了学校，看见麦苗已经盖上了一层厚厚的雪棉被。麦苗弟弟正在舒服地睡觉呢，就好像孩子躺在妈妈的怀抱里进入了甜蜜的梦乡！

我和妈妈在雪地上用脚印画了爱心，还堆了两个大大的雪人。直到天黑，我才恋恋不舍地被妈妈叫回了家。

【点评】

小作者对于第一场雪的到来很高兴，小区里、学校里的雪对于小作者来说都是新鲜的。小作者通过认真的观察、丰富的想象，运用比喻、排比、拟人等修辞手法，写出了大雪后的所看、所想、所感。

（点评教师：丁旭）

2023年12月14日星期四 　　　　　　　　天气：雪

小区雪地玩耍

三（4）班　王钰菡

今天从中午到晚上，大小各不相同的雪花马不停蹄地洒向大地，给大地穿上了一身银白而又闪闪发光的衣服。

天，快黑透了！雪，却越来越大。我去楼下铲雪玩，往哪里铲，哪里都是白的，竟然没有一丝污渍，我几乎把小区的地都铲遍了，都没有发现一点污渍，这真是一场纯白的雪呀！

这时，小区里的路灯哗啦一声全开了，像流星一样的雪花从一个个光柱下飞过，这场景让我觉得自己身在童话世界中，我慢慢放松下来，好像打开了进入冰雪宫殿的大门，我不禁唱道：你看那雪花，漫天飞舞，漫天飞舞……

今年小麦一定会丰收，因为"瑞雪兆丰年"啊！

【点评】

这篇日记描绘了冬日雪景，语言生动，情感真挚。通过拟人手法和细腻描写，将雪花的密集和雪后大地的美丽展现得淋漓尽致。铲雪的经历和路灯下雪花飞舞的场景，更让读者感受到了小作者对雪的喜爱和童真。结尾联想到瑞雪兆丰年，体现了对生活的思考。整篇文章流畅自然，富有想象力，是一篇佳作。

（点评教师：任群）

2023年12月15日星期五　　　　　　　　天气：多云

雪地里的"大英雄"

三（4）班　张漠龄

连着下了几天雪，地上到处堆积着一层白白的、厚厚的雪。

天晴后，雪开始融化了。因为空气还是十分冷，融化的雪水又冻成了冰，地面非常滑。虽然下雪有好处，但这时，却给人们的出行带来了不便。人们都小心翼翼地在街上行走，即便是这样，还是有人会不小心摔跤；所有车辆也都行驶得十分缓慢，这样，有急事的人该怎么办呢？

这时，"大英雄"出现了。"大英雄"并不是一个人，而是一辆铲雪车。这辆铲雪车跟普通的卡车看起来差不多，就是多了一个大铲子，用来铲雪。被这辆铲雪车铲过的地方，地面不那么湿滑了，道路恢复了往常的样子。

谢谢你，铲雪"英雄"，谢谢你为我们的出行做了安全保障。

【点评】

小作者因下雪天气道路湿滑、交通不便等原因，想到了铲雪车，并把铲雪车比喻成雪天的"大英雄"，富有想象力。后将铲雪车的工作方式与效果也进行了简单描写，最后赞扬了铲雪"英雄"。

（点评教师：魏笑天）

2023年12月21日星期四　　　　　　　　　　天气：雪

雪天里的发现

三（4）班　韩宇泽

早上妈妈叫我起床时，我扫了一眼窗外，好黑呀！被窝里非常暖和，我好想在被窝里多待一会儿。

忽然我听到"唰啦、唰啦"的声音，凑到窗边一看，原来是环卫工人正在扫雪，雪还在下，他们身上也积了很多雪，而他们身后已经扫出很长的一段路，路两旁的树底下堆起了很多小雪堆。一看到这儿，我就知道他们工作了很长的时间，一定很累很冷吧。

想到这儿，我就立马打起精神，一骨碌爬起来，去洗漱准备学习了。同时我想，我以后出去玩的时候不能乱扔垃圾了，这样会给辛勤的环卫工人们带来更多的麻烦。

【点评】

这篇日记描述了小作者在雪天的所见所想。小作者从环卫工人扫雪的场景中，体会到他们的辛勤，并由此自我反省，体现出了对他人的体谅。整体观察细致，感悟深刻。

（点评教师：刘丽楠）

2023年12月12日星期二　　　　　　　　　　天气：阴

和雪姑娘跳舞

三（4）班　王钰菡

这天晚上，我睡不着觉，趁夜深人静时，戴上雪人发卡，溜出了家门，一下楼，我便发现了一个小雪人孤零零地站着，我一靠近它，她居然活啦！

她叫小雪，会跳舞的小雪，我求她教我，她说："no，no，no!"我放了《堆雪人》的欢快歌曲，她立即拉着我跳起了舞，我在回家前把我心爱的雪人发卡送给了她，这时……

我被叫起来了，原来是一场梦！

【点评】

这篇日记充满了想象力和童趣，小作者描绘了一个与小雪人共舞的美妙梦境。通过雪人发卡的细节和《堆雪人》的欢快歌曲，营造了一个梦幻而快乐的氛围，小雪人的出现和互动，更是增加了故事的趣味性和神秘感。结尾揭示是梦境，给人留下了回味和遐想的空间。整体而言，文章简短而富有创意，展现了小作者的丰富想象力。

（点评教师：任群）

2024年3月16日星期六 天气：风

风姑娘生气了（一）

三（4）班　杨镜暄

今天是风姑娘的生日，可是风姑娘的爸爸并没有给她准备礼物。

风姑娘飞快地跑了出来，把树叶从树枝上刮落下来。

小鸟正在做窝，风姑娘一下冲过去把小鸟的劳动成果都给毁掉了。

鸟妈妈找到风姑娘的爸爸说道："求求您了，管管您家的孩子吧！"风姑娘的爸爸说："什么？我女儿又闯祸了？但是我已经找她五个多小时了，还是没有找到她！这该怎么办啊？"风姑娘的爸爸开始担心起来了。鸟妈妈说："您不用担心！我可以帮您一起找！"风姑娘的爸爸连忙说："那真是太感谢您了！"

鸟妈妈让它的孩子们一起来找风姑娘，但是过了很久还是没能找到。就在这时，一只小鸟飞了过来说道："我找到风姐姐了！"鸟妈妈急忙问："在哪儿？在哪儿？"小鸟指了指后面说："风姐姐就在那里！"鸟妈妈连忙说："那可是黑暗森林，不能去呀！"鸟妈妈迅速飞到风姑娘的家里告诉风姑娘的爸爸："我找到了您的女儿！她就在黑暗森林里！"

风姑娘的爸爸听后立刻飞往黑暗森林，刚进入黑暗森林便看到风姑娘倒在地上，风姑娘的爸爸一遍又一遍地呼喊风姑娘，风姑娘在爸爸的呼喊中清醒过来，告诉他自己做了一个又一个很美妙的梦！

【点评】

日记中，小作者展开了奇妙的想象，让我们认识了一位神秘的"风姑娘"，最后的结尾出乎意料，引发读者联想。

（点评教师：邓跃男）

2024年3月16日星期六 　　　　　　　　　天气：风

风姑娘生气了（二）

三（4）班 杨镜暄

这是阳光明媚的一天，但是正在上学的风姑娘心情却很沮丧。因为她发现自己忘记了自己的家在哪里，什么都想不起来了。而风姑娘的好朋友，也是她的同学楠楠注意到了她的异样。

楠楠走上前去询问风姑娘："小风你怎么看起来不开心啊？发生什么事情了吗？可以跟我说说吗？我帮你一起解决！"

风姑娘听到楠楠的话很感动，心中的沮丧也散去一些了，风姑娘说："因为我忘记了我的家在哪里，我找不到我的家了，所以我很烦恼。"

楠楠说："没事的小风，你难道忘记了吗？费老师可以帮你解决一切问题啊！"

风姑娘此时经楠楠的提醒才想起来。对呀！我可以找费老师！风姑娘立马找到费老师说："费老师，您知道我的家在哪里吗？"

费老师答："询问你的魔杖就能知道了，对魔杖说'魔杖魔杖，我的家在哪里'，就可以了。"风姑娘听完后道了谢，就急匆匆地跑走了。

风姑娘跑到一个草坪上，对着魔杖说："魔杖魔杖，我的家在哪里？"风姑娘的话刚说完，眼前就突然出现了一扇散发着金色光芒的大门。风姑娘望着眼前亮得有些刺眼的大门心想："这扇门会通往哪里呢？"

风姑娘此时犹豫不决，心想到底进去还是不进去呀？这时她的魔杖突然说道："快进去呀，发什么呆呢？"

风姑娘问道："是谁在说话？"她的魔杖瞬间变成了散发着光芒的人形生物说："你好啊！小风，我是你的魔杖甜甜，以后你要召唤我的时候，喊一声甜甜就可以了。"

"好了，废话不多说。咱们一起进去吧！"风姑娘小心翼翼地走了进去，她好奇地问甜甜："这是哪里呀？"甜甜回答道："这就是咱们的家呀！"风姑娘对这个世界充满了好奇心。一会儿问这个，一会儿问那个。

不知不觉天都黑了，星星困得眨着眼睛。甜甜说："小风快睡吧，明天早上我叫你起床。"

第二天清晨，甜甜叫风姑娘起床，风姑娘说："甜甜我头好晕啊。"甜甜摸了一下风姑娘的额头说："小风，你额头好烫啊！你是不是发烧了？"

甜甜赶紧找来费老师，焦急地对费老师说："费老师，小风是不是发烧了？"费老师说道："是有一点发烧，让她这几天好好休息吧！"

就这样风姑娘在家休息了一天。

过了一天后，甜甜焦急万分，因为风姑娘还是高烧不退，甜甜想："这可怎么办哪！"

突然，甜甜想到了一个好办法，对风姑娘说："小风，我想到怎么治好你的病了！"

风姑娘虚弱地问："真的吗？有什么办法？"

甜甜答："一会儿再告诉你。"她二话不说用魔杖变出了一个苹果并且说道："小风，你把这个苹果吃掉，病就能好了。"风姑娘半信半疑地吃了一口，感觉没什么效果，却还是硬着头皮将整个苹果吃掉了。之后她的状态居然真的好多了，没想到这个苹果竟然这么神奇。

今天早晨风姑娘起床时发现自己痊愈了，高兴地对甜甜说："甜甜，你昨天到底给我吃的什么呀？"甜甜回答："这是我用魔杖变的苹果，它可以治好你的病，神奇吧！既然你的病都好了，那咱们就一起去上学吧！"

风姑娘和甜甜到了学校，楠楠看到她们担心地问："小风，听费老师说你生病了，没事吧？"风姑娘回答："我已经没事了，你放心吧。"

　　费老师走进班里，对同学们说："今天咱们要学的是用你身边的东西，把它变成一只小动物，想好变什么的同学只需要对你的魔杖说，魔杖魔杖，我想要什么小动物就可以了，开始做吧！"

　　风姑娘对魔杖说："魔杖魔杖，我想要一只小猫咪。"

　　一只小猫咪出现在风姑娘的眼前，要知道风姑娘最喜欢的就是小猫咪了，有一只这么可爱的小猫咪，上课怎么能不让她分神呢！

　　今天风姑娘竟然要带着她的小猫咪去上学，甜甜说："那可不行！万一被费老师发现了怎么办？"风姑娘说："求求你了，甜甜你就让我带着它吧！"甜甜说："如果你非要带的话，我就不给你礼物了，如果你不带它上学，我就送给你一个礼物怎么样？"风姑娘想了想说："那好吧。"

　　到了学校，费老师说："今天咱们需要把橡皮变成一条龙，你只需要对魔杖说，魔杖魔杖，我想要一条什么颜色的龙。"

　　风姑娘对魔杖说："魔杖魔杖，我想要一条粉色的龙。"一条粉色的龙就出现在了风姑娘的眼前。风姑娘笑了起来，看起来她对她变的粉色的龙很满意！

【点评】

　　这篇日记的想象源于我们的生活，对话很符合孩子的年龄特点，读起来童趣盎然。而且，病了不想吃苦药，吃个苹果就神奇地好了，收到心仪的礼物，都是孩子的心声。我笔写我心，写作之灵魂。

（点评教师：邓跃男）

2024年3月16日星期六　　　　　　　　　　天气：风

风姑娘生气了（三）

三（4）班　杨镜暄

风姑娘一早起床去卫生间，迷迷糊糊地好像看到了窗外有什么东西正在一点一点往下飘，她定睛一看，激动地说："是雪花，下雪了！"

风姑娘连忙跑到甜甜床前对她说："甜甜，快醒醒，下雪了！"甜甜一边揉眼睛一边说："那咱们去打雪仗吧！"风姑娘迅速换好衣服，焦急地问："什么时候下楼呀？我已经迫不及待啦！"甜甜答："那现在就出发吧！"到了楼下，甜甜沮丧起来："不好了，今天还要上学呢！"

这时，费老师的通知发过来了："今天有大雪，所以咱们在家上网课！"风姑娘问："甜甜你有电脑吗？"甜甜答："什么是电脑啊？"风姑娘说："就是有一个大屏幕，里面有许多的动画。"风姑娘在心里想："没电脑怎么上网课呀？"甜甜此时摘下树上的果子说："变成一台电脑！"

风姑娘以为甜甜在开玩笑，没想到一台大屏幕电脑真的出现在她眼前了，风姑娘揉揉眼睛说："我不是在做梦吧！"

突然，甜甜拍了拍风姑娘："别睡了，小风，该上学了！"风姑娘醒来自言自语："我还真是在做梦啊！"

风姑娘和甜甜一起去了学校。

到了中午，甜甜说："小风，下雪了下雪了！"风姑娘说："那咱们去堆雪球怎么样？"甜甜说："好呀！"

不一会儿，费老师走进教室对同学们说："今天是今年冬天的第一场雪，那么就让我们一起去感受这场大雪带来的喜悦吧！但是一定要注意安全！"

全班瞬间欢呼了起来。

到了操场，风姑娘想："我一定要堆一个比甜甜还大的雪球！"

风姑娘二话不说就开始堆了起来。20分钟后，她捏了一个比手大一些的雪球，自信地向甜甜走去。

当看见甜甜堆的雪球时，风姑娘整个人都傻了。她好奇地问："甜甜，你是怎么堆出那么大的雪球的？比我的雪球大了三倍了！"甜甜答："先捏出一个小雪球，再把它放到雪地里滚一滚，然后就变成大雪球了。没关系，虽然你堆得比我的小，但是咱们可以把雪球合为一体，变成一个可爱的雪人，小风你帮我找几片树叶和几块石头，我负责把雪人堆好。"

不一会儿，风姑娘就把树叶和石头都找了过来，甜甜把树叶撕成圆形，再把剩下的材料做成雪人的嘴巴，石头用来做雪人的扣子。

风姑娘把楠楠也叫了过来说："咱们一起堆个巨型雪人吧！"她们齐声说："好呀！"

真是人多力量大呀！果然三个人15分钟就堆好了一个又大又漂亮的雪人。

费老师还采访了同学们，风姑娘说："这次活动太有趣了！"楠楠说："对呀对呀！真希望下次还有这样的活动！"

风姑娘看着和朋友一起堆的大雪人和四周白雪皑皑的校园，仿佛全世界都披上了名叫快乐的外衣。

【点评】

去年冬天的一场大雪，使我们再次开启网上学习的经历，进入这篇日记，真实得一下子就引起了读者的共鸣，酣畅淋漓地堆个雪人吧！如果动作描写更丰富些会更好。

（点评教师：邓跃男）

2024年3月16日星期六　　　　　　　　　　天气：风

风姑娘生气了（四）

三（4）班　杨镜暄

今天清晨，风姑娘醒来，发现自己和甜甜来到了一个五光十色、瑰丽无边、深蓝色的大海。这时甜甜问道："风姑娘，咱们怎么来到大海了？"风姑娘忽然想起来，回答道："来找妈妈。"

风姑娘和甜甜一起走在沙滩上，风姑娘对甜甜说："我数一二三，咱们就一起跳下海。"说着，风姑娘把爸爸给她的项链戴上了。甜甜说："可是我不会游泳啊？"风姑娘安慰道："没事的，放轻松。"当甜甜再次睁开眼睛时，发现自己已经在海底了，并且长了一条粉红色的尾巴，甜甜兴奋地在大海中游啊游，风姑娘还是第一次看到甜甜那么开心。

她们在绚丽的海洋里遨游，看到了各种各样的珊瑚，有的像绽开的花朵，有的像分枝的鹿角；还看到了海参，它们在海底懒洋洋地蠕动着；又看到了大龙虾，大龙虾全身披甲，划过来划过去，样子挺威武；鱼儿成群结队地在珊瑚丛中穿来穿去，好看极了。

游了一会儿，风姑娘对甜甜说："甜甜，我们还是先去找我的妈妈吧。"甜甜说："好的。"

这时，一条全身布满彩色条纹的黄色小鱼突然出现在她们面前，吓了她们俩一大跳。更吓人的是，那条小鱼开口说话了。那条黄色小鱼说："你们是不是去人鱼城？"风姑娘回答："是的。"那条黄色小鱼又说："正好我也去人鱼城，我带你们一起走吧。"不一会儿，一座城堡便映入眼帘。小黄鱼开口说道："这座城堡坚不可摧，而且十分隐蔽，人类可找不到这儿呢。"小黄鱼看到风姑娘的项链又问道："你怎么会有这条项链？这可是女王的项链，它为什么会在你这儿？"风姑娘回答说："我其实是女王的女儿，这次来是为了找到她，让她和我一起回家的。"

　　风姑娘问小黄鱼说："我听说女王离开大海，海水就会干涸，请问这是真的吗？"小黄鱼回答："当然是真的，我听爷爷说，女王好像是被一个邪恶的女巫施了魔法之后就再也不能离开大海了。"风姑娘又说："你能不能带我去女王的宫殿呀？"小黄鱼回答："没问题，走吧。"

　　说着，风姑娘和小黄鱼还有甜甜就一起在大海里遨游着。这时，风姑娘说："甜甜，你快看，好大的宫殿呀！"甜甜这才发现，在她们的正前方有一个五颜六色的宫殿，十分耀眼。小黄鱼骄傲地说："这里是女王的公园，那里是女王的花坛，这些都属于女王的宫殿，但是不知道女王在哪里。"这时从公园那边传来一阵阵美妙的歌声，她们向歌声的来源游去，发现原来是女王在公园里唱歌。见到妈妈后的风姑娘激动无比，不知道该说什么了。女王不一会儿就注意到了她们，问道："你们是找我吗？有什么事情吗？"

　　风姑娘缓缓摘下她那条项链给女王看，女王问道："你是小风吗？"风姑娘点点头。女王又问："这条项链是你爸爸给你的吗？"风姑娘又点了点头。女王一把抱过风姑娘说："小风，我可爱的女儿，你怎么来了？"风姑娘回答："是我和爸爸想您了，所以我来找您，想让您和我一起回家。"

　　风姑娘又说："妈妈，爸爸说您不能离开海洋，如果您离开海洋，海洋就干涸了，是因为女巫给您施了魔法，怎么样才能把魔法解除呢？"女王说："是的，孩子，所以我不能离开。除非找到一条沉溺已久的手链来解除魔咒。""那条手链也在大海中吗？"风姑娘焦急地问道。女王答："是的，就在这片大海里，好像是在珊瑚群的最下面，珊瑚的周围住着一条彩色的小鱼，它知道那条手链在哪儿，但是只有很小的概率可以看见它。"风姑娘说："那我也愿意帮您找到那条手链，您等待我的好消息吧！这次我一定要把您带回家！"说罢，风姑娘和甜甜便朝珊瑚群的方向游去。

　　游了好久，珊瑚群终于出现在面前。风姑娘和甜甜兴奋地大笑着。

　　这时甜甜说："风姑娘，你快看，那儿就有一条彩色的小鱼。"风姑娘连忙追上去问："你好，请问你有没有见过一条手链啊？"那条彩色的小鱼皱着眉头问道："你们找手链做什么？"风姑娘回答说："海底的女王是我的妈妈，她被下了魔咒不能离开大海，只有那条手链可以解除魔咒，希望你可以帮助我找到那条手链，我的妈妈就可以早点跟我回家了。"小彩鱼听后很愿意效劳，对她们说："哦，原来是这样，那你们跟我来吧。"风姑娘点点头，说道："谢谢！"不一会儿就到了那条彩色小鱼的家。映入她们眼帘的是一个巨大的宝箱。那条彩色的小鱼缓缓地打开了那个宝箱，里面露出了一个小箱子。那条彩色小鱼又慢慢打开了那个小箱子，果然里面放着一条手链。小鱼把手链交到风姑娘手中对她说："这条手链就送给你了，希望你和你的妈妈早日回家团聚。"风姑娘双手接过手链激动地看向小彩鱼："谢谢你，你真好。"

　　风姑娘道完谢之后，就连忙和甜甜一起向女王的宫殿游去。

　　风姑娘和甜甜游啊游，游了好久，终于游到了宫殿，女王看到她们气喘吁吁、汗如雨下，说道："孩子们，快坐，歇一会儿吧。手链找到了吗？"风姑娘兴奋地回答道："妈妈，我找到手链了，您终于可以和我一起回家了。"

　　说罢，风姑娘将手链从宝盒里取出戴到妈妈的右手上，这时周围一片金光灿烂，风姑娘和她的妈妈回到了久违的家中。

【点评】

这篇日记堪称新版《海的女儿》，在小作者笔下，美丽的大海，活泼的鱼儿，神奇的宫殿，勇敢的女儿，幸福的结尾，读后让人愉悦。小作者是个勇敢而乐观的孩子，一定会收获幸福的。

（点评教师：邓跃男）

2024年3月16日星期六　　　　　　　　　　天气：风

风姑娘生气了（五）

三（4）班　杨镜暄

　　沉浸在美梦中的风姑娘还在笑着，突然，梦境画面变成了一位叔叔，那位叔叔白发苍苍，还皱着眉头，好像在担心地和她说着什么。风姑娘努力地去理解他说的究竟是什么，但只能恍惚听见说他的女儿失踪了。他含着眼泪说："谁能帮我找到我的女儿，我已经找她好多天了。"这时风姑娘的脑袋涌进了许多之前的记忆，让她没有力气睁开眼起床。

　　风姑娘努力回忆起她的第一个记忆，11月22日，开心的一天，今天爸爸带我去看小朋友放风筝了，他们的风筝特别漂亮而且飞得可高了。第二个记忆11月23日，伤心的一天，今天是我的生日，我满怀期待地等待爸爸回家，可爸爸并没有给我准备生日礼物，我伤心地跑出了家门，还撞到了小鸟和小鸟搭的窝。这时，风姑娘才想起来，早上梦里的那位叔叔就是自己的爸爸。

　　风姑娘找到甜甜，很沮丧地跟甜甜说："甜甜，今天早上我做了一个梦，梦到了我的爸爸，我已经离开家好多天了，爸爸找不到我很着急。"甜甜说："你是不是想你的爸爸了？你那天在地上看到的魔杖就是我，我是因为太孤单了，没有人陪我玩儿，所以，你中了我的魔法，我把你带到了我们的世界，真的对不起，明天咱们可以问问费老师能不能用魔法把你送回去。"

　　第二天，风姑娘和甜甜一早就来到了学校，她走上讲台，用诚恳的语气对费老师说："费老师，我不是这个世界的孩子，有一天我和我的爸爸吵架了，我跑到黑暗森林里去了，地上有一根魔法杖，我就把它捡起来了，没想到醒过来的时候我就在这儿了，所以我想问问您，能用魔法杖再把我送回去吗？我的爸爸找不到我，很着急。"

　　费老师听后沉思了一会儿说："送你回去是可以的，但是需要一朵雪莲花，据说它长在悬崖峭壁的缝隙里，采摘十分困难。"风姑娘听后说："费老师，我不怕困难，我想请假去采雪莲花，因为我的爸爸真的很担心我。"费老师说："请假可以，但是你一个人去太危险了。"这时候突然进来一位老师说："费老师，我可以陪她一起去。""那好吧，风姑娘，你和格林老师一起去吧，你们一定要注意安全。"格林老师笑眯眯地看着风姑娘说："走吧，我带你去采雪莲花。"格林老师把魔杖一挥，他们便来到了一座山上。

格林老师说："风姑娘，你看，那就有一朵雪莲花。"话音刚落，格林老师用魔杖挥舞了一下，没想到雪莲花自己飞了过来。风姑娘高兴地说："谢谢格林老师。"采摘完雪莲花后，风姑娘和格林老师便回到了学校。

到了学校，风姑娘找到了费老师，把雪莲花交到了费老师的手里。费老师接到雪莲花之后，把花瓣放进魔法药水里。费老师满眼不舍地说："风姑娘，这就是魔法药水了，你想带走什么东西，或者想回来的时候就在身上滴一滴就够了。"风姑娘和费老师紧紧相拥，说："谢谢费老师这段时间的照顾，我不会忘记您的，我会常回来看看大家。"

风姑娘依依不舍地看着甜甜说："甜甜，我的好朋友，我是不会忘记你的，我也会常回来看你的。"甜甜也眼泪汪汪地看着风姑娘说："小风，我也不会忘记你的，你一定要记得有时间就回来看我们。"

风姑娘在自己的身上滴了一滴魔法药水，这时眼前出现了一扇门，风姑娘慢慢地朝大门走去，慢慢地睁开眼，看到爸爸正抱着自己，呼喊着自己的名字。风姑娘紧紧抱着爸爸说："爸爸，以后我再也不乱发脾气了，我们一家人在一起才是幸福。以后无论出现任何问题，我都要及时与爸爸妈妈沟通，彼此理解，相互信任。"

通过这个故事，我们了解到亲情和友情的重要性。风姑娘因为爸爸没送她生日礼物，就赌气去了黑暗森林，险些无法回归家庭。生活中，我们常常因为缺乏沟通，和身边的亲人朋友闹矛盾，所以我们要及时表达自己的想法和情绪，希望大家都能做到会说话、说好话、好好说。这就是沟通的艺术，这就是沟通的价值体现。

【点评】

不平凡的经历带给小作者的是勇敢，是宝贵的解决问题的能力，更是正确的认知。难能可贵的是小作者在想象习作的结尾写出了自己真实的感悟，以人物的视角写自己的成长，真不错。

（点评教师：邓跃男）

2023年12月3日星期日　　　　　　　　　天气：晴

聆听大自然的声音

三（4）班　杨童雯

我爱倾听大自然的声音，倾听柔和的风声，倾听激越的雨声，倾听雄壮的雷声……

柔和的风声像是曼妙的古琴声，轻柔婉转，悦耳动听。你听：那凉爽的晚风吹来，树叶发出沙沙沙的声音，惊醒了树上的小鸟。

激越的雨声像是振奋人心的军鼓声，铿锵有力。你听，黄昏时分，乌黑的云送来了倾盆大雨，伴着呼啸的狂风，气势汹汹，让人猝不及防。噼噼啪啪的声音不断响起，雨的脚步声像炸开了锅的豆子声音，像擂响了千万个小鼓。

雄壮的雷声像是雷公擂响的低沉的大鼓声，像是压抑的、无情的怒吼。你听，雷声隐隐地传来，越来越近，越来越响，终于轰地一声，大地也随之微微地颤抖着。

大自然的声音是如此的美妙，倾听大自然的声音，让人思绪万千，倾听大自然的声音，我与大自然心心相印。

【点评】

本篇日记通过生动细腻的描写，展现了小作者对大自然的热爱和感悟。文章结构清晰，运用了丰富的比喻和拟声词分别描述了风声、雨声和雷声的特点，语言优美，富有想象力，展现了小作者对自然之美的敏锐感知。最后，小作者通过总结性的语句，表达了自己与大自然心心相印的情感。

（点评老师：任群）

2023年12月4日星期一   天气：晴

厨房是个音乐厅

三（4）班　杨童雯

厨房是个音乐厅，妈妈做饭时，里面传来许多美妙的声音。

妈妈洗菜时，水哗啦哗啦地响着。刀在菜板上使劲地切着菜，发出有节奏的咚咚声，就像一位鼓手在卖力地打鼓。锅铲飞快地翻炒，发出叮叮当当的声音，就好像在弹奏一首优美的钢琴曲。

哗啦——咚咚——叮当。

厨具们组成了一个乐队，演奏出了一首优美、美妙、欢快的乐曲。

【点评】

这篇日记充满想象力，生动地描绘了厨房中各种厨具发出的声音，并赋予它们音乐的特质，非常有趣且富有创意。小作者巧妙地运用拟声词和比喻，将刀切菜的声音比作咚咚的鼓声，将锅铲翻炒的声音比作叮叮当当的钢琴弹奏，让读者仿佛置身于一个热闹的厨房音乐会中。

建议：文章的结构和丰富性可以进一步补充完善。比如，可以在描述完每一种声音后，再总结它们组成的"乐队"和"乐曲"，这样可以使文章更加条理清晰。

（点评教师：任群）

2023年11月1日星期三   天气：阴

自我介绍

三（1）班　周　赟

大家好！我叫周赟，我是一个性格外向、喜欢交朋友的小女孩。我有一双大大的眼睛、一只小小的鼻子和一个弯弯的嘴巴，笑起来很可爱。

我的爱好是唱歌、画画和下棋，因为从小我的爸爸妈妈就陪我下各种各样的棋，比如五子棋、象棋、围棋、飞行棋、跳棋等。上个学期我还代表我们班参加过棋艺节，而且还得了第一名，这个学期我也努努力争取再得第一名。

我也是个乐于助人的孩子，每当我托管有时间的时候都主动打扫班里的卫生，保持地面整洁。

我最喜欢的小动物是小仓鼠，因为它们小小的、毛茸茸的，放在手里像一团会走的棉花球一样可爱。可是妈妈却不让我养，于是我只买了三只仓鼠毛绒玩具，从大排到小，我也很喜欢。

【点评】

小作者的自我介绍展示了一个活泼开朗、多才多艺的小女孩形象。通过描述外貌和性格，读者可以想象出她的可爱模样。介绍爱好时，唱歌、画画和下棋展示了她对艺术和智力活动的热爱，特别值得表扬的是她在棋艺方面的成就，以及助人的热心态度，这体现了她积极参与活动的热情和责任心。

通过分享喜欢的小动物，小作者展示了对小仓鼠的钟爱，即便不能养真的，也乐于拥有仓鼠毛绒玩具，这种乐观和善解人意的态度令人感到愉快。继续努力在学业和兴趣爱好上取得好成绩，保持这样积极向上的心态，一定会收获更多的喜悦和成功！

（点评教师：丁旭）

2024年3月7日星期四 天气：大风

该不该实行班干部轮流制

三（4）班 张一依

我觉得应该实行班干部轮流制，因为这样能调动全班每个同学的积极性，让同学们和睦相处。

班干部的责任心和积极性都很高，如果实行班干部轮流制的话能提高所有人的责任心和积极性，这样我们班就会越来越团结。

班干部轮流制还可以让同学们取长补短，提高所有人的能力，所以我觉得应该实行班干部轮流制。

【点评】

文章简洁明了、语言平淡朴实地阐述了班干部轮流制的必要性。虽述平常事，但分析简明合理，有理有据。开篇开门见山说出观点，后面从两个方面来阐述理由，层次清晰，观点明确。

建议：可以举能提高责任心和积极性、能促进同学团结、能取长补短的一两个例子来说明，这样说服力更强，更令别人信服。

（点评教师：付洪霞）

2024年4月3日星期三　　　　　　　　　　天气：晴

国王的啄木鸟

三（4）班　张漠龄

在一个凉爽的早晨，国王带着自己心爱的啄木鸟，坐着马车去玫瑰花迷宫里的森林超市，买一束红色的玫瑰花送给小公主。

到了玫瑰花迷宫，国王兴冲冲地拿着装啄木鸟的金笼子走了进去。可是国王走呀走呀，一直从早晨走到了上午，又从上午走到了中午，但就是走不到森林超市。国王的衣服被树枝刮破了，手指上也冒出了星星点点的血。国王坐在长凳上，忽然，国王想起了身边被关在金笼子里的啄木鸟，就问啄木鸟："啄木鸟，你能飞上天空带着我到森林超市吗？"啄木鸟点了点头，同意了。国王打开了关啄木鸟的金笼子。啄木鸟飞上了天空，带着国王绕来绕去。在啄木鸟的带领下，国王很快就到了森林超市。国王买完了玫瑰花，就高高兴兴地带着啄木鸟和玫瑰花回到家，把玫瑰花送给了小公主。

这件事让我们明白了，用不同的方式解决同一个问题，最后得到的结果也不一样。就像自大的国王，自己走不到森林超市，坐下来想了一会儿，利用了啄木鸟会飞的本领，让啄木鸟飞上天，看清整个玫瑰花迷宫，然后带着自己顺利地找到了森林超市买到了玫瑰花，送给了小公主。

【点评】

文章以生动的细节和丰富的想象力，描绘了一个充满奇幻色彩的早晨，国王带着心爱的啄木鸟去森林超市买玫瑰花的经历，不仅展现了一段曲折而有趣的冒险，还巧妙地传达了一个深刻的道理：面对问题时，我们应该灵活变通，善于利用身边资源，以不同的方式寻找解决方案。文章富有教育意义，引导读者学会从不同角度思考问题，用智慧和勇气面对挑战。

（点评老师：洪扬）

2024年3月3日星期日　　　　　　　　　　　　天气：晴

啄木鸟开超市

三（4）班　张贺芃

在一个美丽的森林里，有一只啄木鸟。它想开一家超市，帮助别人，让大家不必去特别远的地方购买商品。于是它首先去问了小狗，啄木鸟说："小狗，你知道怎么开超市吗？"小狗说："知道呀，你要把商品摆好再把商品定一个价，就好了。"啄木鸟说："谢谢你，小狗。"然后啄木鸟回到家，按小狗说的做，做完啄木鸟把超市开起来了。

过了几天，啄木鸟发现一个客人也没有。啄木鸟非常疑惑，它想："为什么一个客人都没有呢？"这时候啄木鸟的好朋友小松鼠来看啄木鸟的超市开得好不好。啄木鸟看到小松鼠说："小松鼠，你来得正好，你帮我看看为什么没人买我的商品呢？"小松鼠看了看说："你把商品价格定得太贵了，正好我知道一家超市，你去那里看一看吧！"啄木鸟说："谢谢你，小松鼠。"然后啄木鸟去到那家超市看了看，又回到了自己的超市想了想，把价格调整了一下，又把"新开业"这几个字挂在了大门口。

就这样超市重新开了起来，大家来这里买东西，因为价格合理，所以超市火了起来。啄木鸟想："开超市看着简单，做起来好难哪！"

【点评】

文章通过啄木鸟开超市的故事，生动地展现了创业过程中的困难和挑战，向读者传达了创业不易、需要不断学习和调整的道理，突显了友情和学习的重要性。文中角色刻画鲜明，情节安排合理，结尾点题，具有很强的吸引力。

（点评老师：洪扬）

2024年6月3日星期一　　　　　　　　　　　天气：晴

兔子梦游记

三（4）班　张　影

从前在兔子园里有这样的两只小兔子，一只只有一只耳朵，叫一只耳，另一只全身上下都是黑色的，名字叫煤球。有一天他们在树荫下乘凉，不一会儿就睡着了。当他们醒来的时候已经在一片树林里了，他们看见旁边有个小村子，就往小村子的方向走去。

他们到村子门口看见一块牌子，上面写着雷神猫村。进了村子以后，他们看见雷神猫们每人拿着一把锤子往天空一挥，天空射出一道道闪电，一只耳被吓得瑟瑟发抖。雷神猫看见一只耳非常奇怪，问道："你只有一只耳朵吗？"一只耳战战兢兢地点点头，雷神猫们都摘下帽子，原来他们都只有一只耳朵。然后他们走进菜鸟村，几只长得像蔬菜的鸟飞过来，原来他们就是菜鸟。煤球问菜鸟公主在哪里，菜鸟说公主在城堡里。公主不喜欢长得比她好看的动物，她是只兔子，而且长得非常丑陋。

煤球和一只耳在雷神猫、菜鸟的帮助下成功穿过了危机四伏的玫瑰花园来到城堡里告诉公主：每个生命都是独一无二的，不能嫉妒别人的美色，也要看看自己的长处。

小鸟吵醒了一只耳和煤球，原来这只是梦啊。

【点评】

在写作思路上，小作者巧妙地构建了一个充满奇幻色彩的兔子园、雷神猫村和菜鸟村的世界，并通过一只耳和煤球两只小兔子的冒险旅程，将读者带入一个充满未知和惊奇的世界。此外，小作者还通过雷神猫和菜鸟的形象设定，以及他们各自的特点和能力，进一步丰富了故事的内容和层次。

（点评老师：洪扬）

2024年2月25日星期日 天气：晴

太空之旅（一）

三（4）班 陈梓菲

一天，乐小奇刚起床，就在床头发现几个按钮。她十分好奇，小心翼翼地按了一下。

"啊！这不是去太空戴的头盔吗？"只见一顶头盔瞬间出现在她眼前，让她惊讶地吓了一跳。她又试着按动按钮，太空服装、太空手套……这下子可按出不少东西。

乐小奇激动坏了，连忙找来了她的好朋友天乐乐，天乐乐也好奇地东摸摸西按按，结果还按出了一枚火箭，太让人惊讶了。他们上了火箭，坐在驾驶舱里无从下手，乐小奇按下了最显眼的一个红色按钮，火箭嗖的一声起飞了。

这下怎么办？

【点评】

上太空旅行是很多孩子儿时的梦想，小作者展开了想象，创造出了几个神奇的按钮，就像"哆啦A梦"的口袋，只要一按就会有意想不到的惊喜！很期待小作者后续的作品。

（点评教师：邓跃男）

2024年2月27日星期二　　　　　　　　　　天气：晴

太空之旅（二）

三（4）班　陈梓菲

这火箭不到三十秒就飞到天上了，真是神速啊！

乐小奇很着急，她心想：早知道不乱按按钮了。这时一个声音传来："给你一个任务，我说一句话你来猜，金木水火土。"她找了半天，原来是面前的设备在说话。"什么意思？难道要我们去金星、木星、水星、火星、土星上吗？"她小声嘀咕着。

"你答对了！"设备又说话了。这时乐小奇看见桌子上堆了好多食物，扭头问乐乐："我们不会是要在这儿过夜吧？"天乐乐摇着脑袋说："我们没有别的办法，只能听天由命了！"

【点评】

"神速"一词写出了火箭速度之快。心理描写既推动了情节发展，也表达了自己的真实想法。如果小作者能试着运用多种描写方法去描写火箭的快，以及带给自己的惊心动魄的感受，就更好了。

（点评教师：邓跃男）

2024年2月28日星期三　　　　　　　　　　天气：晴

太空之旅（三）

三（4）班　陈梓菲

这时，他们来到了一个叫月光星小镇的地方。

这里的人都很特别，有的有一只眼，有的有两个脑袋，有的有四只手……原来他们都是外星人。乐小奇正看得出神，设备又说话了："请戴好眼罩，我会指引你们方向的。我是你们的机器人向导。""为什么要戴眼罩？"乐小奇问。"如果和外星人对视，就会变成外星人。"设备回答说。"啊，真恐怖！"乐小奇吓出一身汗。

这时，到了一家糖果店，天乐乐刚想买，设备说："不可以。"天乐乐马上懂了设备的意思，乖乖把糖果放回去了。

【点评】

我们期待的外星人终于在小作者的想象中诞生了，"两个脑袋""四只手"真新鲜！如果再细致描写会更吸引人。而且，太空的糖果店是什么样的？继续写写呀。

（点评教师：邓跃男）

2024年3月1日星期五 　　　　　　　　天气：晴

太空之旅（四）

三（4）班　陈梓菲

这时，一个外星人走过来了，她身穿粉色爱心小裙子，头上戴了朵红色小花，一只大眼睛，非常可爱，她叫朵朵。

设备介绍着这个外星人，天乐乐说："这个名字好熟悉呀。"设备拉着朵朵和他们到了一个没人的地方，设备让他们摘下眼罩，"我们不会变成外星人吗？"乐小奇忐忑地说。"不会的，你放心。"设备回答。

难道朵朵有什么特别之处？

【点评】

朵朵的外貌真可爱！再写写自己的感受会更加容易引起读者的共鸣。"难道朵朵有什么特别之处？"这个结尾可以引发读者无限的想象。

（点评教师：邓跃男）

2023年12月15日星期五　　　　　　　　天气：晴

苏飞的日记（一）

三（4）班　陈梓菲

　　我叫苏飞，是个小姑娘，今年九岁。因为家里贫穷，爸爸妈妈去外地打工了，我和爷爷奶奶生活在一起。我好像都不记得爸爸妈妈的模样了，更别说之前父母和我都干了些什么，我真的全都忘记了。

　　因为贫穷，家里交不起水费、买不起菜，只能在门前的土地上种菜，去离家不远的小山脚下打水喝。

　　今天，我可是第一次帮爷爷奶奶种菜呢！虽然我很紧张，但我也很高兴能帮到爷爷奶奶。我把爷爷给我的种子种到泥土里。我一边唱歌一边播种，这时有人在说："你怎么能把我放到泥土里！"我被吓得大汗淋漓，颤颤地说："是谁？"

【点评】

　　这篇想象日记生动地描绘了苏飞这个小女孩的生活场景。文字中还描写了苏飞第一次帮爷爷奶奶种菜的经历。同时，通过"有人说话"的情节，增加了故事的神秘氛围，为下文设下悬念，引发读者的好奇心。

（点评教师：刘丽楠）

2023年12月16日星期六　　　　　　　　天气：晴

苏飞的日记（二）

三（4）班　陈梓菲

"我？你都不知道我的名字吗？我是在一部电影中出现的主人公啊！贝贝豆豆。"我脑子里打出无数问号："什么是电影？电影是谁？"贝贝豆豆惊讶得下巴都快掉下来了，说："电影就是类似用图像来讲故事，是用来观看的。""哦，我还以为是个人名呢！"我似懂非懂地说，"不过你在哪儿呢？"我疑惑地看向四周。"你不是刚给我埋进土里面了吗？快给我喝点水吧！"

我马上拿来一盆水浇到土里，贝贝豆豆瞬间长出了根、茎、叶，扭着屁股钻出地面，终于再次看到外面的世界。这下可热闹了，贝贝豆豆转眼就开了花，还结了好几个小豆子。

【点评】

在这段奇幻而引人入胜的叙述中，角色"我"展现出了强烈的好奇心和困惑，当面对一个自称为"贝贝豆豆"的生物时，不断提出疑问。整个故事充满了想象力和趣味性，不仅展现了小作者对于奇幻类和想象类故事的出色驾驭能力，还激发了读者的好奇心和期待，让人迫不及待地想要继续探索这个充满奇幻色彩的世界。

（点评老师：洪扬）

2023年12月17日星期日   天气：晴

苏飞的日记（三）

三（4）班　陈梓菲

我真的惊讶极了！这是什么种子？这么快就长出叶子，太神奇了，而且还结出了果实。

我猜想：这些果实应该都是贝贝豆豆的孩子吧。这时，贝贝豆豆从泥土里钻出来了，小果实们也跳到地上。

贝贝豆豆对我说："你看，这三个小豆豆是我的孩子。给你介绍一下：这位叫点点，她是最小的一个，但她知识广泛，能解决很多棘手的问题；第二个叫欢欢，他太调皮了，喜欢各种新鲜事物；第三个叫朵朵，她做事温文尔雅、惹人喜爱。我们都很乐于助人！"

"真的吗？"我有点不敢相信。"当然！"贝贝豆豆抬着头说。"那你能帮我把家里变得漂亮一点吗？"我难为情地说。"没问题，包在我身上！"小豆子们一边说一边往苏飞家跑去。别看他们个子小，但他们的力量可大了！

【点评】

这篇日记的想象力非常丰富，通过描述种子快速生长结出果实，引出了三个有趣的小豆豆：点点、欢欢和朵朵，每个小豆豆都有独特的性格。苏飞与小豆豆们的对话充满了童真。整体故事情节生动有趣，语言简洁明了。

（点评教师：刘丽楠）

2023年12月25日星期一　　　　　　　　天气：晴

苏飞的日记（九）

三（4）班　陈梓菲

"我明白了！"我说道。贝贝豆豆又说了下她的安排："要不这样，让朵朵和欢欢在家照顾爷爷奶奶，你、我和点点一起去找贝乐和三小豆的妈妈，可以吗？""当然可以。"但我有点忐忑，毕竟我没出过远门，也不放心爷爷奶奶。

贝贝豆豆的鼻子非常灵敏，千里以外的东西都能闻到。只见她用鼻子深吸一口气，然后说："我能感受到贝乐现在就在城里，我们先去找他吧。但我不熟悉点点妈妈的气味，所以找起来有一点困难。""那我们怎么去城里呢？"我疑惑地问。"我来呼唤大鸟，也就是大雁，让它带我们去城里。"贝贝豆豆说着就朝门外走去。

于是，我们准备出发了。

【点评】

通过对话和叙述，我们可以对角色有一定的了解。例如，贝贝豆豆显得聪明、有主见，而"我"则表现出一定的担忧和不安。虽然文章描述了一个场景和计划，但对于角色的外貌、动作、心理等方面的描写相对较少，使读者难以对角色有更深入的了解。

（点评老师：洪扬）

2023年12月29日星期五　　　　　　　　天气：晴

苏飞的日记（十二）

三（4）班　陈梓菲

妈妈说："你们来的路上一定很辛苦，我给你们做点吃的吧。"说着，就带我们来到了妈妈住的地方。妈妈说："你们先坐会儿，我去做饭，一会儿就好。"我微笑着点了点头。

我打量了一下妈妈住的这间小屋，一张木床、一个装衣服的小箱子、一张桌子和三把椅子，这就是妈妈的全部了，简单又温暖。

这时贝贝豆豆闻到了贝乐的气味，她发现贝乐的踪迹，赶忙顺着味道追去。终于她找到了自己的孩子，而贝乐也哭着跳到妈妈的怀里。太开心了，贝贝豆豆找到了宝宝，而我也找到了妈妈。妈妈端出刚做好的三鲜面，我尝了一口，瞬间感觉到了妈妈的味道，好幸福！

【点评】

文章从妈妈提议做饭开始，到小作者观察妈妈的生活环境，再到贝贝豆豆找到孩子，最后大家共享美食，情节发展自然流畅，逻辑严密。小作者在描述过程中融入了自己的真实情感，如"我尝了一口，瞬间感觉到了妈妈的味道，好幸福"，这种真挚的情感表达使日记更加具有感染力。

（点评老师：洪扬）

2023年11月27日星期一　　　　　　　　　　天气：风

花仙国奇遇记（一）——误入花仙国

三（4）班　王钰菡

这是一个宁静的夜晚，大家都睡了，只有三号楼三单元三层的三零三还灯火通明，这是我的家。"好困啊……妈妈，可以不补作业了吗？"我无精打采地说。"快写，不要说话！"妈妈叫道。没过多久，妈妈睡着了，我趴在桌子上，迷迷糊糊地发现台灯变成了一扇小门，我被吸了进去……

这时，我到了一个国家，哇！好香！一个紫头发的小女生朝我跑了过来："你好，我叫兰兰，你叫什么呀？""我叫粉糖糖。"我心想，这粉糖糖的名字是从哪儿来的？这个女生长得好像我的朋友小司啊！就这样，我们成为好朋友，她告诉我，这里是花仙国，每个人都是一种花，我是樱花，大家可喜欢我了，我手里的法杖是樱花棒棒糖，她还教我学会控制魔法，然后她就领着我去仙家学园了。

我就要去仙家学园了，会见到怎么样的老师和同学呢？

【点评】

这篇日记开头引人入胜，通过一个宁静的夜晚和补作业的场景，巧妙地引入了"我"被台灯吸进花仙国的奇幻情节。接下来，小作者对花仙国的描述充满了想象力和趣味性。兰兰向"我"介绍花仙国的设定，充满了童真和趣味性，每个人都是一种花、法杖是樱花棒棒糖等内容引人入胜，最后留下的悬念"我就要去仙家学园了，会见到怎么样的老师和同学呢"更是让人期待后续的故事发展。

建议：在描述被台灯吸进花仙国的过程时，可以更加详细一些，比如描述一下当时的心情、环境的变化等，使这个奇幻场景更加生动和逼真。

（点评教师：任群）

2023年11月29日星期三 　　　　　　　　　　天气：风

花仙国奇遇记（二）——进入仙家学园

三（4）班　王钰菡

兰兰和我来到了一个仙气飘飘的花园，一位和蔼的老人站在花园门口，说道："你是新来的小花仙吧？来，我带你去见路西老师。"

路西老师是一位美丽的女老师，上课时，她教我们用法杖来召唤魔法宠物，大家都不太顺利，我伤心地哭了起来，眼泪流到法杖上，一道粉光突然从法杖里飞了出来，一只粉色小猫闪现在了我的眼前，班里顿时响起了雷鸣般的掌声。小猫喵喵地直叫着，似乎在说："你是我的主人吧？我等你好久啦，我叫樱瞄。"一下课，同学们都围在了我身边，你一言我一语，可有趣了。

到了中午，兰兰带我去花花食堂，我俩说着悄悄话，十分开心。一进入食堂，我和兰兰就各自拿了自己爱吃的花酱，狼吞虎咽地吃了起来，十分美味！吃饱喝足后，我们还在花园里散了步。这个学园，我很喜欢！

【点评】

花仙国的冒险之旅继续展开，让读者感受到了她在这个奇幻世界中的快乐和成长，小作者展现出了细腻的观察力和丰富的想象力。通过描写"我"和兰兰在食堂品尝花酱、在花园散步的情景，让读者仿佛能够置身于这个美丽的花仙国中，感受到那份宁静与美好。

（点评教师：任群）

2024年1月15日星期一　　　　　　　　天气：晴

镜子穿梭（一）

三（4）班　陈梓菲

今天，我起得很晚。我来到镜子前刷牙、洗脸，这时，我看见镜子上有个小黑点，我就用手指去蹭蹭，想把黑点擦掉，谁知故事就这么开始了。

"啊！这是哪儿？"我自言自语道。这时我看见了一些圆乎乎的小精灵，"你们是谁？怎么那么眼熟？""叽里咕噜，叽里咕噜！"小精灵们说道。小精灵们递给我一个耳机，原来是可以翻译小精灵话语的翻译耳机。小精灵说道："这里的每样东西都是你幻想出来的。"

于是，我有点好奇了。

【点评】

从日常生活场景出发，小作者巧妙地通过镜子上的小黑点引入了圆乎乎、会说话的小精灵，构建了一个充满想象力的奇幻世界。文中的描写生动具体，对话自然流畅，使读者仿佛置身于一个奇幻的世界中，同时，小作者巧妙地在结尾进行留白，引发了读者无尽的想象与好奇。

（点评老师：洪扬）

2024年1月16日 星期二   天气：晴

镜子穿梭（二）

三（4）班　陈梓菲

　　小精灵说要带我参观每一处风景，我兴奋极了。

　　小精灵说："你看这大树，帮助了许多小朋友，你要什么，对着大树说出愿望，就能实现。你听，多么美妙的歌声！这是青蛙歌唱家在歌唱，当你感到不开心时，来听听他的歌声，会让你把烦恼统统忘掉。前面有一个城堡，城堡里住着一位公主，公主的梦想就是旅行，可是她又怕晕车，所以每时每刻都在房子里待着。她让城堡长出了两条腿，这样她想去哪儿就能去哪儿，就不用坐车了。"

　　我津津有味地听着、仔仔细细地看着，难道这些也是我想象出来的？接着，我好像又想象到了什么……

【点评】

　　通过描述小精灵带领主角参观的每一处风景，小作者构建了一个充满温馨情感的世界。这篇续写的日记在延续前篇奇幻风格的基础上，进一步丰富了故事的内容和情感，使整个故事更加生动、有趣和引人入胜。

（点评老师：洪扬）

2024年1月17日星期三　　　　　　　　天气：晴

镜子穿梭（三）

三（4）班　陈梓菲

"哦，对！彩虹滑道。"我这么一说，天上突然就出现了一道彩虹。

这就是我刚想象出来的吗？我赶紧从楼梯走上去，然后从彩虹滑道滑下来。"这是草莓王国吗？哎呀，大事不妙了，怎么办？"一只小鸟问我。"你怎么了？"我急忙问道，"发生什么事了？"

"哎，说来话长，在八九年前有一群蒙面人说要占领我们的土地，在战场上，国王消失了，但是大家都相信国王还活着。前段时间有先知说有个重要人物会出现在草莓王国，她会解救出国王。可是重要人物在哪儿？我怕她走了？所以才那么着急。"小鸟气喘吁吁地说。

我越听越难过，因为之前精灵告诉我这里虽然有好几个王国，但只有一个国王，他掌控这里所有的一切，找不到他，就意味着我会被困在这里。

【点评】

小作者巧妙地结合了奇幻元素与冒险情节，构建了一个充满未知与悬念的草莓王国。通过主角与小鸟的对话，小作者不仅揭示了草莓王国的历史背景和当前困境，还巧妙地引入了新的角色和冲突，使故事更加吸引人。

（点评老师：洪扬）

2024年1月18日星期四　　　　　　　　天气：晴

镜子穿梭（四）

三（4）班　陈梓菲

"要怎样才能找到国王？"我着急地问小鸟。

"必须找到这几样东西：先去格林叔叔的小屋找到地图，接着去坏脾气巫师家选择一顶巫师帽，然后找到海螺，呼唤海神，最后和海神交换心愿，就可以找到国王了。"小鸟扇动着翅膀说。

"那为什么你们自己不去找国王？"我好奇地问。小鸟低着头说："因为只有满足条件的人才有资格去找国王，你是几月几日几时出生的？""我是一月一日一点零一分出生的呀，怎么了？"我疑惑地问。

"哈哈哈！"小鸟笑起来，"太棒了，你就是我要找的重要人物，你正好满足条件！"

【点评】

小作者巧妙地通过主角与小鸟的互动，揭示了寻找国王的任务和主角的特殊身份。小鸟为主角提供了寻找国王的详细步骤，包括找到地图、选择巫师帽、找到海螺呼唤海神以及和海神交换心愿等任务。这些任务的设置不仅增加了故事的复杂性和悬念，还为主角的冒险之旅提供了具体的目标和方向。

（点评老师：洪扬）

2024年1月19日星期五　　　　　　　　天气：晴

镜子穿梭（五）

三（4）班　陈梓菲

"我可以去找国王？"我惊讶道。"对，你可以！你一定可以的！"小鸟高兴地说。小鸟立刻叫来了一辆飞速列车，现在我可要出发了！

"我应该先去格林叔叔的小屋。"说着，我就和小鸟告了别。

"哎呀，我忘了提醒她多加小心！"小鸟有些后悔地说。

我飞速行驶在路上，怎么回事？这个地方我好像绕了三圈了。是个迷宫吗？还是我走错路了？

【点评】

这段文字通过描绘主角的冒险之旅和面临的困境，以及小鸟的担忧和提醒，成功地构建了一个充满未知和悬念的奇幻世界。它让读者在享受阅读乐趣的同时，也期待着主角能够战胜困难，完成自己的使命。

（点评老师：洪扬）

2023年10月27日星期五   天气：晴

魔法学院（二）

三（4）班　韩文茂

转眼间，他们来到一片茂密的森林，这里云雾缭绕。

小力拿出了一个指南针，他们跟着指引的方向走，来到了一个棕熊洞。他们看见一只又凶又大的棕熊，手里还拿着一块红色的宝石。

皮皮说："你为什么要偷我们的红色宝石呢？"棕熊说："因为我们的家族快要灭绝了，这里的水都被污染了，我们快要渴死了，所以我才偷这颗红色宝石的。"小力、小文、皮皮、莫老师一起说道："我们来帮你们。"

于是他们一起用竹子、石子、沙子、土做了一个巨大无比的简易过滤器，安装在小溪的流水处，这样水很快就清澈见底了，喝起来清甜可口。

最后棕熊对他们表示了感谢，还给了他们那颗红色宝石。

【点评】

这篇日记的情节很有趣，通过制作过滤器解决了棕熊的困难，展现出了主人公们善良和团结合作的精神，故事既有想象力，又传递了积极的价值观。如果能增加一些细节描述，比如过滤器的制作过程，或者棕熊的反应，会让故事更加精彩。

（点评教师：刘丽楠）

2023年12月11日星期一　　　　　　　　　天气：小雪

如果……

三（4）班　陈梓菲

如果我是雪，我会给大地披上最柔软的大衣；

如果我是雪，我会飘去非洲，融化我的身体，给那儿的人送去清甜的泉水；

如果我是雪，我一定不去清洁工那里给他们增加负担；

如果我是雪，我一定偷偷地从军人身边走过，不去亲吻他们的脸庞；

如果我是雪，我一定会让小朋友进入我的童话城堡，来痛快地玩耍。

【点评】

作者选择以"雪"作为第一人称，通过雪的视角来观察和体验世界，这种独特的视角让人眼前一亮，既富有创意，又能够引发读者的好奇心。整篇文章按照"如果我是雪"这一主题展开，每个段落都围绕一个具体的情境进行描述，逻辑清晰，层次分明。

（点评老师：洪扬）

2024年1月24日星期三　　　　　　　　　天气：晴

我爱爸爸

三（4）班　张一依

我爱我的爸爸，他是世界上最好的爸爸。

我喜欢爸爸的一双大眼睛，他看起来很聪明的样子。

我喜欢爸爸软软的肚子，因为那是我最好的枕头。

我喜欢爸爸的怀抱，因为又结实又温暖。

我喜欢爸爸跳舞的样子，他的欢乐会传染给每一个人。

我喜欢爸爸吃饭的样子，因为看他吃饭时我感觉每道菜都很香。

我喜欢爸爸干活的样子，因为这样妈妈就不会累了。

我最喜欢爸爸强壮的后背，因为我从小就在那里长大。

当我伤心哭泣时，爸爸会温柔地说："把眼泪擦干，不要哭。"

当我摔倒时，爸爸会大声地说："自己站起来，你是最棒的。"

当我跑步时，他会跟我一起跑。

当我头晕目眩时，他会毫不犹豫地背起我。

我爱我的爸爸，因为他会把好的东西都留给我们。

我爱我的爸爸，因为他是世界上最好的爸爸！

【点评】

　　本文采用诗歌的形式，文章语言生动朴实，感情真挚，通过描写爸爸身上不同的样貌和坚定的话语，体现了爸爸对"我"的爱。同时小作者能感受到爸爸无微不至的关爱，也强烈地表达出"我"对爸爸的爱。

（点评教师：魏笑天）

2024年1月23日星期二　　　　　　　　　　天气：晴

我爱妈妈

三（4）班　张一依

我爱我的妈妈，她是世界上最好的妈妈。

我喜欢妈妈的一头乌黑的长发，她看起来像一个年轻的小姑娘。

我喜欢妈妈的声音，她的声音轻轻柔柔的。

我喜欢妈妈的笑容，她的笑容很温柔。

我喜欢妈妈睡觉的样子，因为她睡着了也是笑眯眯的。

我喜欢妈妈做饭的样子，因为她看起来就像五星级大厨一样忙碌。

当我开心时，妈妈会很开心。

当我生病时，妈妈会很着急，担心我难受。

当我出门时，妈妈会牵着我的手。

当我有困难时，妈妈会帮助我。

我爱我的妈妈！

【点评】

　　本文采用诗歌的形式，文章语言生动朴实，感情真挚，通过描写妈妈的声音、神态等，体现出妈妈的美丽与温柔。在我遇到困难时，妈妈会关心"我"、爱护"我"，体现了妈妈对"我"的爱。同时在小作者感受到妈妈无微不至的关爱后，也强烈地表达出"我"对妈妈的爱。

（点评教师：魏笑天）

2024年2月13日星期二   天气：晴

我爱秋天

三（4）班　张一依

我爱秋天，因为秋天的阳光是温暖的。

我爱秋天，因为秋天是凉爽的。

我爱秋天，因为秋天的天空像一幅画，美得让我沉醉。

我爱秋天，因为秋天是丰收的季节，农民伯伯的脸上总是洋溢着笑容。

我爱秋天，因为秋天的枫叶让我深深地感受到枫林如火的美。

我爱秋天，因为一片片金黄的落叶铺满了大地。

我爱秋天，因为秋天的黄昏，夕阳会把大地染成金黄。

我爱秋天，因为秋天是秋高气爽、天高云淡、果实累累、层林尽染的。

【点评】

本文简短但充满情感，通过对秋天的天空、枫叶等事物的描述，表达了小作者对秋天的喜爱之情。语言简洁明了，情感真挚，给人一种温暖和舒适的感觉。希望小作者在写作中能够更加丰富细节，让文章更加生动有趣。

（点评教师：魏笑天）

2024年2月8日星期四 天气：晴

我爱冬天

三（4）班 张一依

我爱冬天，因为冬天是一个美丽的季节。

我爱冬天，你看，雪花像天使的羽毛一样飘落下来，给万物带来了温暖的冬眠。

我爱冬天，你看，寒冷的北风刮过，仿佛在告诉我们冬天来了。

我爱冬天，因为冬天是一个安静的季节。

我爱冬天，你看，小动物们都在家里安静地睡觉。

我爱冬天，你看，爷爷奶奶们再也不像夏天时常常出来遛弯儿。

我爱冬天，因为冬天是一个欢乐的季节。

我爱冬天，你看，小朋友们在雪地里玩得多开心。

我爱冬天，你看，一个个小雪人笑得多灿烂。

我爱冬天，你看，农民伯伯们终于可以好好歇歇了。

我爱冬天，因为冬天白雪皑皑，银装素裹，欢声笑语。

【点评】

本文以"我爱冬天"为主题，通过描写不同的事物，突出了冬天的美丽、安静和欢乐，表达了小作者对冬天的喜爱之情。语言简洁明了，情感真挚，让人感受到冬天的独特魅力。

（点评教师：魏笑天）